目　　录

上编　禅宗思想论考

中编　汉译佛经论考

下编　文学文献论考

上编

禅宗思想论考

德山与临济

一、《临济录》勘辨"德山三十棒"一段话头

> 师闻第二代德山垂示云:"道得也三十棒,道不得也三十棒。"师令乐普去问:"'道得为什么也三十棒?'待伊打,汝接住棒送一送,看他作么生。"普到彼,如教而问。德山便打,普接住送一送。德山便归方丈。普回举似师。师云:"我从来疑着这汉。虽然如是,汝还见德山么?"普拟议,师便打。[①]

所谓"第二代德山",是指朗州德山宣鉴禅师(780—865)。"道得也三十棒,道不得也三十棒",究竟是指"道"什么而挨三十棒呢?在这里并没有明示。但是,禅僧们真正进行问答时,经常是不会离开他们心中所关心的那个问题的,用佛教术语来说,那就是"佛性""法性""真如"等;用更为中国特色的词来说,也就是"道";用现今流行的话说,就是"绝对的真理",此话头中,没有明示"获得绝对真理"(得道),因为这是禅僧问答中不言自明的常识。也就是说"道是什么"这一问题。另外,"(体得大道的)佛是什么"(佛法大意)、"达摩祖师来中国的用意是什么"、"禅是什么"(祖师西来意)等,正是反复地被人们追问的话题。但是,从原则性上来说,那些又是无法用语言来表述的事情,所谓"言语道断,言诠不及"。尽管如此,也抑制不住人们想获得绝对的真理的希求心。这里便有了一个难题,正如德山和尚所说的"问即犯,不问则乖"(《景德传灯录》卷一五),寻求问

① 柳田圣山注《临济录》,大藏出版,1972 年,勘辨二四(此为段落号码)。

道，反而伤道。可是，如果不寻求发问的话，又与道乖离了。该如何处理这样的两难境地呢？

德山非常果断地切开了如此两难境地。他向人们宣示"我这里无一法与人"，也就是说这里没有任何东西可以教导人们的。说起来，所谓"道"，就是无法用言语表现出来向人们传达的、只能由每个人自己去领悟的东西。因此，也只能停止向外寻求，真切地了知那一事。没任何东西可教导给人们，对于乞求教导的来参者，德山不容分说地将他们赶回去，将此称为"立于第一义的接化"。德山用拄杖痛打来参者，把他们打走。这就是常说的"德山棒"，与"临济喝"并称。

在这一勘辨"德山三十棒"的一段中，听到德山的垂示"道得也三十棒，道不得也三十棒"的临济（？—867）仔细嘱咐乐普元安（834—899），让他前往德山和尚之处，当棒打过来时，就直接接住，然后反推回去（《景德传灯录・德山章》的记载是，抢夺德山棒之后，再反击过去；另外《联灯会要・临济章》中，是接住棒之后，再推倒德山）。那么，德山是如何应对的呢？

被乐普夺去棒的德山，直接就返回了方丈。乐普回到临济处报告了以上的经过。于是，临济说："我从来疑着这汉。"临济究竟怀疑德山什么呢？

以往的解释有"临济认为德山是可疑的"（柳田圣山译，注为"赞扬对方的语言"）、"认为非寻常之辈"（入矢义高译）等，全部视为高度评价德山的表达。江户时代无著道忠所著《临济录疏瀹》中，将此句注为"此语或肯人，或不肯"，并举了肯定与批判的两种解释。可以说哪种解释都说得通。仅从文字来看，或如无著道忠所述，存在两种解读的可能性。

但是,对于乐普的"道得为什么也三十棒",德山将此也视为葛藤,一如既往地准备棒打,却被夺走了棒,只好逃回了方丈,缺少精彩的对应。大概是德山上了年纪,比不上年轻的乐普(年轻五六岁)的体力。德山最后参访的九峰通玄(普满禅师,834—896)的传记中,说到"至武陵,谒德山鉴禅师,鉴时腊高,门风益峻,门下未有遭之者"(《禅林僧宝传·筠州九峰玄禅师传》)的情况。晚年的德山越来越挑剔、严厉,不轻易容许参问者。总之,来访者都得挨棒打。所谓"德山一条脊梁骨",立于第一义的棒打贯穿于他的一生。但是,除了棒打以外,不具有临机应变的接化手段,在此则话头中出乎意料地暴露了出来。

关于这点,从收录本则的《景德传灯录·德山章》的话头排列顺序亦能推断:

> 雪峰问:"从上宗风,以何法示人?"师曰:"我宗无言句,实无一法与人。"
>
> 岩头闻之曰:"德山老人一条脊梁骨,硬似铁,拗不折。然虽如此,于唱教门中犹较些子。"

之后,便是临济派遣侍者前去试探德山的话头(《临济录》中这位侍者名为乐普,另外《景德传灯录》中没有最后的临济与乐普的问答部分)。其意在显示临济看破了德山这种只使用棒打的"立于第一义"的接化手段。在此条中,另外还附有双行注的岩头评语:

> 岩头云:"德山老人寻常只据目前一个杖子,佛来亦打,祖来亦打,争奈较些子。"

从《景德传灯录》的排列和评语来看,"我从来疑着这汉"应是临济对德山的批判,即他认为德山只使用棒打,缺少随机应变的对应。即使《临济录》将此语句独立出来,对"疑着"之语理解为是给予高度评价，很明显是难以说通的。[①]

上述的九峰通玄，在德山(古德禅院)被爱挑剔的宣鉴禅师认可并称奇。不过，他未至大悟就辞去，前往高安谒见洞山良价禅师，通过交谈，领悟到了自己的"宝珠"，成为洞山的法嗣。洞山圆寂后，他担任塔主三年，仰慕他的参问者来往不断，他说："太平时世，饥餐困卧，复有何事！吾本无事，汝与么来相寻，是无事生事。无事生事，道人所忌。何不各自歇去！"这不就像德山无事禅的言说吗？换言之，九峰通玄并不是用德山的接化方法来继承德山的法，而是以洞山为媒介理解了德山的无事禅。

贯穿于德山一生的"我这里无一法与人"的信条，原因之一是受他年轻时代钻研的《金刚经》的般若思想的影响，如《金刚经》云："我应灭度一切众生。灭度一切众生已，而无有一众生实灭度者。"也就是说，是基于救人与被人救都不存在的原则。其二，是基于他自身切实的开悟体验。《无门关》第二十八则、《碧岩录》第四则评唱都有记述，均为宋人记录下来的著名故事，在此引用《祖堂集》卷五德山章中的一则话头。在《宋高僧传》中也有与此话头相似的记述，两者之间有共通的词语，可以看作是保留了较古的形态：

> 后闻龙潭则石头之二叶，乃摄衣而往焉。初见而独室小驻门徒，师乃看侍数日。因一夜参次，龙潭云："何不归去？"师对曰："黑。"龙潭便点烛与师，师拟接，龙潭便息却。师便礼拜。潭云："见什摩道理？"师云："从今向去终不疑

---

① "疑"，当然根据文脉，有肯定性的预测，也有否定性的预测。以下雪峰评云门的一段就是肯定性的情形："师在雪峰时，有僧问雪峰：'如何是触目不会道，运足焉知路？'峰云：'苍天，苍天！'僧不明，遂问师：'苍天意旨如何？'师云：'三斤麻，一匹布。'僧云：'不会。'师云：'更奉三尺竹。'后雪峰闻喜云：'我常疑个布衲。'"(《云门广录·游方遗录》)

天下老师舌头。"师便问:"久向龙潭,及至到来,潭又不见,龙又不见时如何?"潭云:"子亲到龙潭也。"师闻不糅之言,喜而叹曰:"穷诸玄辩,如一毫置之太虚;竭世枢机,似一滴投于巨壑。"(《祖堂集·德山章》)

龙潭和尚点烛交给德山,正当德山准备接受时,又突然吹灭了,究竟是为什么呢? 在这里,"黑"(昏迷)——"点烛与师"(救济)——"息却"(迷悟二元论的突破),巧妙地显现出"从迷惑中被救济出来"本身就是虚妄不实的。根据龙潭的这一策略,德山立即领悟了。所谓"天下老师舌头",就是禅的语言如"即心即佛"(马祖)、"平常心是道"(南泉)等迷悟不二之类。"究诸玄辩"二句是德山对教理的诀别之辞,正好与以下他义学之徒时期的述怀形成明显的对比,也能够显示他在那之后的进展:

毗尼胜藏,靡不精研;解脱相宗,独探其妙。每曰:"一毛吞巨海,海性无亏;纤芥投针锋,锋利不动。然学与非学,唯我知焉。"(《祖堂集·德山章》)

教理的终极意义—— 探求"一切存在的平等""万物的相即""不变异之理"的自负,以及让人预想着从那里所引起的飞跃解脱,德山在见到龙潭之前就持有这些观点。寻求、学习、教导的教理全部是由迷悟的二元论而形成的。后来德山在龙潭崇信引导下戏剧性地体验到原来这便是虚妄。此时,所谓"我这里无一法与人"成为德山一生的信条。

那么,本篇开头所提出的话头,再以以上的理解作为线索,笔者尝试考察德山与临济所处的位置。这一则话头在《祖堂集·临济章》(10 世纪后半叶编纂于泉州)中就已见雏形,11 世纪初的《景德传灯录》也与此相近,至《天圣广灯录》(景祐三年[1036]序)的阶段就成了与《临济录》相同的形式。换言之,《祖堂集》《景德传灯录》的正文是到“我从来疑着这汉”为止，从《天圣广灯录》开始，在后面又附加了临济与乐普的问答。但是却导致话头的主题变得不明确。根据附加的内容，乐普只不过是传话之人，从头至尾都没有看清德山的真面目，临济对德山的评价也变得模糊。但究竟是怎么从当时的德山缺少精彩的对应中，看穿他的真面目呢？没有认清这一则的主题，才使后人胡乱地同情德山而加以袒护，这应该说是非常明显的妄增。

临济的说法集，目前来看，仍然还是初见于《景德传灯录》卷二八的“镇府临济义玄和尚示众”。但是，如果将此与收录在《天圣广灯录·临济章》的示众部分进行比较的话，可知《天圣广灯录》所依据的资料反而更为古老，而《景德传灯录》是依此资料再进行修改和编集的。现行的《临济录》是附有北宋末宣和二年(1120)马防序的福州鼓山圆觉宗演再编的本子，其渊源是《天圣广灯录》或其所依的资料。因此，不迟于 11 世纪初《临济录》的原型就应该已经形成了，而《祖堂集·临济章》的末尾“自余应机对答，广彰别录”中的“别录”，如果相当于临济语录原型的话，那就可以更进一步追溯到 10 世纪的后半叶。这是临济逝去后大约一百年的事情，在此期间有弟子以及再传弟子的活动，与临济宗形成有着密切的关系，作为这些活动的集大成的《临济录》的定型化也在这个期间完成。

德山的语录今已不存，但《德山广录》(《祖庭事苑·穷诸玄辩》)、《德山集》一卷(《崇文总目》)曾经存在过的这一事实是可知的，大慧《正法眼藏》卷上中就存有可能引用自德山语录的长篇示众。《正法眼藏》三卷是收集了大慧宗杲与弟子们之间的商量话头，编纂于绍兴十七年(1148)的公案集。德山的长篇示众收录在卷上第 158 则中。之后隔着两则短篇，在第 161 则中大慧又引用了临济的长篇示众，似乎特意与德山示众并列在一起，可以推测这是为了让人们在鲜明对照中进行阅读。大慧对于哪一方都没有加以评论。这或许表达了他认为只要不加修饰地去阅读便能明了的意思。一般认为临济与德山的说法很相似，但大慧的意图究竟如何呢？以下，笔者引用了两人的代表性的示众来进行对照理解。

二、大慧《正法眼藏》卷上第158则“德山和尚示众”

（一）诸子！从朝至暮有甚么事？莫要逞驴唇马觜问德山老汉么？我且不怕你。未审诸子有何疑虑？近来末法时代，多有鬼神群队傍家走，言："我是禅师。"未审学得多少禅道，说似老汉来？你诸方老秃奴，教汝修行作佛，傍家行，成得几个佛也？你若无可学，又走作甚么？若有学者，你将取学得底来呈似老汉看！一句不相当，须吃痛杖始得。你被他诸方老秃奴魔魅着，便道："我是修行人。"打硬作模作样，恰似得道底人面孔。莫取次用心！万劫千生，轮回三界，皆为有心。何以故？"心生则种种法生。"若能一念不生，则永脱生死，不被生死缠缚，要行即行，要坐即坐，更有甚么事？

（二）仁者！我见你诸人到处发心，向老秃奴会下学佛法荷负，不惜身命，皆被钉却诸子眼睛，断诸子命根，二三百个淫女相似，道："我王化建立法幢，为后人开眼目。"自救得么？仁者！如此说修行，你岂不闻道"老胡经三大阿僧祇劫修行"？即今何在？八十年后死去，与你何别？诸子莫狂！劝你不如休歇去，无事去。你瞥起一念，便是魔家眷属、破戒俗人。你见德山出世，十个五个总拟聚头来难问，待教结舌无言。你是偻罗儿，今何不出来？破布袋里盛锥子，不出头是好手。我要问你实底。莫错！仁者波波地傍家走，道："我解禅解道。"点胸点额，称杨称郑，到遮里须尽吐却，始得无事。你但外不着声色，内无能所知解，体无凡圣，更学甚么？设学得百千妙义，只是个吃疮疣鬼，总是精魅。我遮个虚空，道有且不是有，道无且不是无；言凡不凡，言圣不圣。一切处安着他不得，与你万法为师，遮个老汉不敢谤他。所以老胡吐出许多方便涕唾，教你无事去，莫向外求。你更不肯，欲得采集殊胜言句，蕴在胸襟，巧说言辞，以舌头取办，高着布裙，贵图人知，道："我是禅师。要出头处。"若作如此见解，打那鬼骨臀，入拔舌地狱有日在！到处觅人，道："我是祖师门下客。"被他问着本分事，口似木楔，便却与他说菩提、涅槃、真如、解脱，广引三藏言教，是禅是道，诳他闾阎，有甚么交涉，谤我先祖？

（三）德山老汉见处即不然。遮里佛也无，法也无。达磨是老臊胡，十地菩萨是担粪汉，等妙二觉是破戒凡夫，菩提、涅槃是系驴橛，十二分教是鬼神簿、拭疮脓纸，四果三贤、初心十地是守古冢鬼，自救得也无？佛是老胡屎橛。仁者，莫错！身被疮疣衣，学甚么事？饱吃饭了，说真如、涅槃，皮下还有血么？须是个丈夫始得。汝莫爱圣，圣是空名。向三界十方世间，若有一尘一法可得，与你执取生解，保任贵重者，尽落天魔外道。是有学得底，亦是依草附木、精魅野狐。

（四）诸子！老汉此间无一法与你诸子作解会。自己亦不会禅。老汉亦不是善知识，百无所解。只是屙屎送尿，乞食乞衣，更有甚么事？德山老汉劝你不如无事去、早休歇去。莫学颠狂！每人担个死尸，浩浩地走，到处向老秃奴口里爱他涕唾吃，便道："我是入三昧，修蕴积行，长养圣胎，愿成佛果。"如斯等辈，德山老汉见，毒箭入心，花针乱眼，辜负先祖，带累我宗，图他道："我是出家儿。"如此，消他十方施主，水也消不得。莫算道敢向他国王地上行。父母不供甘旨，岂为无罪？莫错用心！阎罗王征你草鞋钱有日在！穿你鼻孔，系着橛上，偿他宿债，莫言老汉不道！

（五）是你诸人大似有福，遇着德山出世，与你解却绳索，脱却笼头，卸却角驮，作个好人去。三界六道收摄你不得。更无别法。是个烜赫虚空，无碍自在，不是你庄严得底物。从佛从祖，皆传此法而得出离。一大藏教只是整理你今时人。诸人莫向别处求觅！乃至达磨小碧眼胡僧到此来，也只是教你无事去，教你莫造作。着衣吃饭，屙屎送尿，更无生死可怖，亦无涅槃可得，无菩提可证。只是寻常一个无事人。第一莫拱手作禅师，觅个出头处，巧言语魔魅后生，欲得人唤作长老。自己分上，都无交涉。徒知心识浩浩地日夜捏怪不休，称杨称郑："我是江西马大师宗徒。"德山老汉且不是你群队人。我见石头和尚不识好恶老汉，所以骂伊。诸子，你但莫着声色名言、句义境致、机关道理、善恶凡圣、取舍攀缘、染净明暗、有无诸念。可中与么得，方是个无事人。佛亦不如你，祖亦不如你。

（六）仁者，莫走踏汝脚板阔去！别无禅道可学。若有学得者，即是二头三首、外道见解，亦无神通变现可得。汝道："神通是圣。"诸天龙神、五通神仙、外道修罗，亦有神通，应可是佛也？孤峰独宿、一食卯斋、长坐不卧、六时礼念，疑他生死。老胡有言："诸行无常，是生灭法。"若言入定凝神静虑得者，尼乾子等诸外道师，亦入得八万劫大定，莫是佛否？明知邪见精魅。仁者！老胡不是圣，佛是老胡屎橛，且要仁者辨取好恶。莫着人我，免被诸圣橛、菩提橛。解脱殊胜、名言妙义，没溺系缚汝。何以故？一念妄心不尽，即是生死相续。

（七）仁者！时不待人。莫因循过日，时光可惜。老汉不图你田舍奴荷负。若肯即信取，若不肯，每人有个屎钵担取去。老汉亦不求。你诸方大有老秃奴，取一方处所，说禅说道,你急去学取抄取。我此间终无一法与你诸人。仁者问取学取,以为知解。老汉不能入拔舌地狱。若有一尘一法,示诸人说,言有佛有法,有三界可出者,皆是野狐精魅。

(八)诸仁者,欲得识么?只是个虚空,尚无纤尘可得,处处清净,光明洞达,表里莹彻,无事无依,无栖泊处,有甚么事?老汉从生至死,只是个老比丘。虽在三界生而无垢染,欲得出离,何处去?设有去处,亦是笼槛,魔得其便。仁者!莫用身心无可得。只要一切时中,莫用他声色。应是从前行履处,一时放却,顿脱羁锁,永离盖缠。一念不生,即前后际断。无思无念,无一法可当情。仁者作么生拟下口觜?你多知解,还曾识渠面孔么?出家儿乃至十地满心菩萨,觅他踪迹不着。所以诸天欢喜,地神捧足,十方诸佛赞叹,魔王啼哭。何以故?缘此虚空活泼泼地,无根株,无住处。若到遮里,眼孔定动,即没交涉。

(九)仁者,莫求佛!佛是大杀人贼,赚多少人,入淫魔坑?莫求文殊、普贤,是田舍奴。可惜许!一个堂堂丈夫儿,吃他毒药了,便拟作禅师面孔,见神见鬼!向后狂乱傍家走,觅师婆打瓦卜去,被无知老秃奴便即与卜道,教你礼祖师鬼、佛鬼、菩提涅槃鬼。是小淫女子不会,便问:“如何是祖师西来意?”遮老秃奴便打禅床作境致,竖拂子,云“好雨”“好晴”“好灯笼”,巧述言词,强生节目,言:“有玄路、鸟道、展手。”若取如是说,如将宝器贮于不净,如将人粪作栴檀香。

(十)仁者!彼既丈夫,我亦尔,怯弱于谁?竟日就他诸方老秃奴口觜,接他涕唾吃了。无惭无愧,苦哉苦哉!狂却子去!因果分明,水牯牛牵犁拽杷,眼睛突出,气力不登,大棒打你脊。劫佛衣食,道:“我修行了也。”若不明大理，饶你佛肚里过来，只是个能行底屎橛。不曾遇着好人，便认得六根门头光影，向口里说取露布，是隐言妙句，光彩尖新，争奈你自家无分。仁者，是别人涕唾。更有一辈，三三两两，聚头商量。甚么处无事！好经冬过夏，快说禅道，有知解，会义理。仁者，总作如此见解，觅便宜，岂有如此道理？入地狱有日在！莫道不向诸子说！到处菜不择一茎，柴不般一束，一朝福尽，只是吃草去。虚消信施，滥称参学，更作禅师模样，无益于人，自己分上，十二时中行履处，心常负物，见人只欲妖媚掉尾子，指东话西，眼里口边，果然不见，只欲将相似语勘当解处。老汉与你诸人何别？郎君子，莫取一期眼下口快，吃他毒药了，似贪淫女人不持斋戒，瞎秃奴群羊僧颠却他人入地狱！

（十一）仁者，莫取次看册子，寻句义，觅胜负，一递一口，何时休歇？老汉相劝，不是恶事，切须自带眼目辨取清浊，是佛语，是魔语。莫受人惑。所以殊胜名言，皆是老胡一期方便施设。切须休歇去。莫倚一物领他言语作解会，拣择亲疏，浮虚诈伪，记他闲言长语，皆是比量。

（十二）仁者，老汉只恐诸子堕坑落堑，作薄福业，事持唇觜，得少为足，向静处立，不肯进前，自惑诸境，乱走他人，由巡万法，盖为不信虚空本来无事，增减他不得。你诸人如似老鸱，身在虚空，心在粪堆上，只觅死物吃。

（十三）诸子，莫道德山老汉不曾入丛林商量，高声骂取，无人情，不怕业。只为诸子不守分，驰骋四方，傍他门户，恰似女姑鬼传言送语，依事作解，心迹不忘；自犹不立，常负死尸，担枷带锁，五百一千里，来到德山面前，八字立地，如欠伊禅道相似："和尚，须为我说，指示我。"老汉全体作用，大棒铠遮田舍奴，骂："贼屎孔面，不识好恶！"到我遮里，恰似遇澧州人煮鱼羹烂臛一顿。且图你放下重担，去却枷锁，作个好人去。还肯么？若肯即住，不肯一任脱去。珍重！

这些令人惊讶的、没完没了的痛骂，相当忠实地反映了说法的场景，充分地保留了口语、谚语，说话的乖僻、有头无尾，其中也有难于理解的地方。以上这些示众的记录，能够看到在"建立"的方面很少，而具有"破除"一边倒的特征。这也正是所谓"德山老人一条脊梁骨"的缘由，如果与以下的临济示众相比较的话，说法的差异就更加清楚了。

三、大慧《正法眼藏》卷上第161则"临济和尚示众"

（一）今时学佛法者，且要求真正见解。若得真正见解，生死不染，去住自由，不要求殊胜，殊胜自至。道流，只如自古先德，皆有出人底路，如山僧指示人处，只要你不受人惑，要用便用，更莫迟疑。如今学者不得，病在甚处？病在不自信处。你若自信不及，即便忙忙地，徇一切境[缚]，被他万境回换，不得自由。

（二）你若能歇得念念驰求心，便与祖佛不别。你欲得识祖佛么？只你面前听法底是。学人信不及，便向外驰求。设求得者，皆是文字名相，终不得他活祖意。此时不遇，万劫千生，轮回三界，徇好恶境掇，去驴牛肚里生。道流！约山僧见处，与释迦不别。每日多般用处，欠少甚么？六道神光，未曾间歇。若能如是见得，只是一生无事人。大德！三界无安，犹如火宅。此不是你久停住处。无常杀鬼，一刹那间，不择贵贱老少。你要与祖佛不别，但莫外求。

（三）一念清净心光是你屋里法身佛，一念无分别心光是你屋里报身佛，一念无差别心光是你屋里化身佛。此三种身是你即今目前听法底人。只为不向外驰求，有此功用。若据经论家，取三种身为极则。约山僧见处不然。此三种身是名言，亦是三种衣。古人云："身依义立，土据体论。"法性身、法性土，明知是光影。

（四）大德！你且识取弄[光]影底人，是诸佛之本源，一切处是道流归舍处。是你四大色身不解说法听法，脾胃肝胆不解说法听法，虚空不解说法听法，是甚么解说法听法？是你目前历历底物，一段孤明，是遮个解说法听法。若如是见得，便与祖佛不别。但一切时中，更莫间断，触目皆是。只为情生智隔，想变体殊，所以轮回三界，受种种苦。约山僧见处，无不甚深，无不解脱。

（五）道流！心法无形，通贯十方，在目曰见，在耳曰闻，在鼻齅香，在口谈论，在手执捉，在足运奔，本是一精明，分为六和合。一心既无，随处解脱。山僧恁么说，意在甚处？只为一切处驰求心不能歇，上他古人闲机境。道流！取山僧见处，坐断报化佛头，十地满心，犹如客作儿，等妙二觉，担枷锁汉，罗汉辟支，犹如厕秽，菩提涅槃，如系驴橛。何以如此？只为道流不达三祇劫空，所以有此障碍。若是真正道人，终不如是。但能随缘消旧业，任运着衣裳，要行即行，要坐即坐，无一念心希求佛果。缘何如此？古人云："若欲作业求佛，佛是生死大兆。"

（六）大德！时光可惜。只据（拟）傍家波波地学禅学道，认名认字，求佛求祖，求善知识意度。莫错！道流，你只有一个父母，更求何物？你自返照看。古人云："演若达多失却头，求心歇处即无事。"大德！且要平常，莫作模样！有一般不识好恶秃兵，便即见神见鬼，指东画西："好晴，好雨。"如是之流，尽须抵债，向阎罗王前吞热铁圆有日在。好人家男女被遮般野狐精魅所着，便即捏怪。瞎屡生！索饭钱有日在！

(七) 道流！切要求取真正见解。向天下横行，免被遮一般精魅惑乱身心。更莫造作！只是平常。你才拟心，早是错了也。旦(但)莫求佛。佛是名句。你还识驰求底么？三界(世)十方佛祖出来，也只为求法。如今参学道流，也只为求法。得法始了，未得，依前轮回五道。云何是法？法者是心法，心法无形，贯通十方，目前见用。人信不及，便乃认名认句，向文字中求其意度。与佛法天地悬隔。

(八) 道流，山僧说法，说甚么法？说心地法，便能入净入秽，入凡入圣，入真入俗，要且不是你真俗凡圣，一切真俗凡圣安着个名字不得。道流，把得便用，更莫安排名字，方契玄旨。

(九) 山僧说法，与天下人别。只如有个文殊、普贤出来，目前各见一身问法，才道："咨和尚。"我早辨了也。何以如此？只为我见处别。外不取凡圣，内不住根本，见彻本法，更不疑谬。

这里所呈现的临济，毋宁说是更偏向于"建立"一方面的人。而"棒喝""大机大用""呵佛骂祖"的破除方法，只出现在以上示众的第五、六段，其中能够清楚看到德山和尚的影响。

大慧《正法眼藏》卷上第161则所引的这段临济示众，与《天圣广灯录》卷一一开头部分的示众一致(《景德传灯录》卷二八的临济示众，即是根据它所依的资料)，《宗镜录》卷九八、《祖堂集·临济章》可以认为就是从这一部分摘引而来的。换言之，这一示众的文本可以推测是五代宋初的比较早期的资料，而临济义玄在这里所呈现的具有个性的禅者形象是广为人知的。

四、德山与临济

与其说临济与德山的示众十分类似，不如说是明显的继承。这两者的示众的基调都是“无事”的思想，而德山为了表达“无事”更倾向于用否定的方式。只要“无事”就可以。除此之外，没有必要再追问什么。只是，德山的“无事”之人，有时会以无法捉摸的“虚空”来表达：

> 我遮个虚空，道有且不是有，道无且不是无；言凡不凡，言圣不圣。一切处安着他不得，与你万法为师，遮个老汉不敢谤他。（德山示众第二段）

> 是个烜赫虚空，无碍自在，不是你庄严得底物。从佛从祖，皆传此法而得出离。（德山示众第五段）

> 诸仁者，欲得识么？只是个虚空，尚无纤尘可得，处处清净，光明洞达，表里莹彻，无事无依，无栖泊处，有甚么事？（德山示众第八段）

> 你多知解，还曾识渠面孔么？出家儿乃至十地满心菩萨，觅他踪迹不着。所以诸天欢喜，地神捧足，十方诸佛赞叹，魔王啼哭。何以故？缘此虚空活泼泼地，无根株，无住处。（德山示众第八段）

> 虚空本来无事，增减他不得。（德山示众第十二段）

这里所说的“虚空”指佛性、法身，德山故意避开明确的形象化，因为一旦明示，就让修行者有了新的“追求”对象。另一方面，临济是如何对待“虚空”的呢？示众中只有一次提到，如下：

> 是你四大色身不解说法听法，脾胃肝胆不解说法听法，虚空不解说法听法，是甚么解说法听法？是你目前历

历底物，一段孤明，是遮个解说法听法。若如是见得，便与祖佛不别。（临济示众第四段）

此则中，“虚空”喻指心，此处用否定句表达了“虚空”无法说法也无法听法，更进一步，临济还认为，能够说法听法的，是不会隐藏起来的“目前听法底”，即与祖佛没有任何不同的你自身而已。确信这一点的就是“真正见解”，只要是“无事人”便可以做到。换言之，临济是继承了德山的“无事”，并将此作为“真正见解”转向了积极、肯定的一面，把这人作为“目前听法底”而明确提出来，进一步称此人与祖佛同等，实在是大胆的转换。

所谓“无事”，无论是德山还是临济，都是要制止人们到处寻求的。但德山要求人们不“向外求索”，这是自相矛盾的，也陷入了说法的陷阱。可是，临济制止“向外求索”，而主张寻求“真正见解”。这样考虑的话，无论是本篇开头所引的临济对德山的评价（对只能使用棒打的不满意），还是岩头所指出的德山的局限（在指导他人的这点上缺少资格），都是具有充分理由的。

阅读《临济录》，那些粗暴、严厉的措辞，基本上是来自德山的影响，对两者进行对照便可得知这一点。对行脚僧以及诸方禅师的痛骂、呵佛骂祖，在《临济录》中似乎是最精彩的部分。从构思到用语，甚至连“无事人”的形象，实际上也是继承了德山的示众。德山在当时具有强大的影响。这说明临济曾有崇拜和模仿德山的时期。经过了那一阶段，再进一步摸索与德山不一样的道路也是很自然的。“全体作用”可以说是临济的重要关键词，但是两人的使用方法确实是截然不同的。

诸子！莫道德山老汉不曾入丛林商量，高声骂取，无人情，不怕业。只为诸子不守分，驰骋四方，傍他门户，恰似女姑鬼传言送语，依事作解，心迹不忘；自犹不立，常负死尸，担枷带锁，五百一千里，来到德山面前，八字立地，如欠伊禅道

相似："和尚，须为我说，指示我。"老汉全体作用，大棒铠遮田舍奴，骂："贼屎孔面，不识好恶！"（德山示众第十三段）

道流！如禅宗见解，死活循然，参学之人大须子细。如主客相见，便有言论往来，或应物现形，或全体作用，或把机权喜怒，或现半身，或乘师子，或乘象王。（《临济录·示众》）

如诸方学人来，山僧此间作三种根器断。如中下根器来，我便夺其境，而不除其法；或中上根器来，我便境法俱夺；如上上根器来，我便境法人俱不夺；如有出格见解人来，便全体作用，不历根器。（《临济录·示众》）

你诸方闻道有个临济老汉，出来便拟问难，教语不得。被山僧全体作用，学人空开得眼，口总动不得，懵然不知以何答我。（《临济录·示众》）

德山的"全体作用"正如他自己所说的"大棒铠"痛骂，但临济是用言语，或以心传心等，至少不是棒喝。

相对于德山这个破除之人，临济则是个"建立"之人。示众中直接把"真正见解""禅宗见解""如法见解""真正学道人""真出家人"的道人见地提示为"心地法""随处作主，立处皆真"，并称之为"目前听法底""听法道人""你目前昭昭灵灵鉴觉闻知照烛底""目前听法无依道人""目前孤明历历地听者"，给予高度的肯定。有名的上堂语"无位真人"也正是其"建立"之一。当然所谓"建立""表诠"常常伴随着危险性。临济自身在说法时，也时时不忘如下反复提醒：

山僧说处皆是一期药病相治，总无实法。（《临济录·示众》）

> 道流，莫取山僧说处！何故？说无凭据，一期间图画虚空，如彩画像等喻。（《临济录·示众》）

德山宣鉴（780—865）与临济义玄（？—867）是同时代的人物，对于他们各自所处的立场，可以如下来考虑。德山在会昌废佛之后，于大中初年（847）住湖南朗州善德山古德禅院（依据《景德传灯录》卷一五），因立于第一义的接化手段而广为人知，据称门下有五百众。临济到江西新昌黄檗山参访希运禅师而契悟，之后回北方留在镇州，大概当时在南方有接触德山示众的机会（《临济录》中有侍立德山的一则话），因此，这对临济的接化方面产生了强烈的影响。住临济院之后，在接化的方便上经过了从"破除"至"建立"的变化[①]。这是因为要接引修行者，不得不对接引的方便进行研究。正如应对各种各样修行者问难的指南手册式的发言，在《临济录》中相当多，甚至有些啰嗦。以上三则可以说就是其中的例子，第一例（《临济录》示众）把主客对应的形式分类为"客看主""主看客""主看主""客看客"等，那是在相见之际，主客为了"辨魔拣异，知其邪正"，这是必要的事情。与此类似的还有如下：

> 师晚参示众云：有时夺人不夺境，有时夺境不夺人，有时人境俱夺，有时人境俱不夺。

> 山僧此间不论僧俗，但有来者，尽识得伊。任伊向甚处出来，但有声名文句，皆是梦幻。……若有人出来，问我求佛，我即应清净境出；有人问我菩萨，我即应慈悲境出；有人问我菩提，我即应净妙境出；有人问我涅槃，我即应寂静境

① 圆悟克勤（1063—1134）说"临济六十棒，后乃翻掷"（《圆悟心要·示宗觉禅人》）。所谓"六十棒"，是指对德山的"道得也三十棒，道不得也三十棒"的继承或模仿（临济自身也说"会与不会，都来是错"），后来又放弃了，圆悟似乎看到了这一点。

出。境即万般差别，人即不别。所以应物现形，如水中月。

道流！如诸方有学人来，主客相见了，便有一句子语，辨前头善知识。被学人拈出个机权语路，向善知识口角头撺过，看你识不识。你若识得是境，把得便抛向坑子里。学人便即寻常，然后便索善知识语，依前夺之。学人云："上智哉！是大善知识。"即云："你大不识好恶！"

如善知识把出个境块子，向学人面前弄。前人辨得，下下作主，不受境惑。善知识便即现半身，学人便喝。善知识又入一切差别语路中摆扑。学人云："不识好恶老秃奴！"善知识叹曰："真正道流！"

如诸方善知识不辨邪正。学人来问菩提涅槃、三身境智，瞎老师便与他解说，被他学人骂着，便把棒打他："言无礼度！"自是你善知识无眼，不得嗔他。

有一般不识好恶秃奴，即指东划西："好晴，好雨。""好灯笼，露柱。"你看！眉毛有几茎？"这个具机缘！"学人不会，便即心狂。如是之流，总是野狐精魅魍魉。被他好学人嗌嗌微笑，言："瞎老秃奴！惑乱他天下人。"

如诸方学道流未有不依物出来底。山僧向此间从头打，手上出来，手上打；口里出来，口里打；眼里出来，眼里打。未有一个独脱出来底，皆是上他古人闲机境。山僧无一法与人，只是治病解缚。你诸方道流，试不依物出来！我要共你商量。

> 但有来求者，我即便出看渠。渠不识我，我便着数般衣，学人生解，一向入我言句。苦哉！瞎秃子无眼人，把我着底衣认青黄赤白。我脱却入清净境中，学人一见，便生忻欲。我又脱却，学人失心，忙然狂走，言我无衣。我即向渠道："你识我着衣底人否？"忽尔回头，认我了也。

等等，不胜枚举。这些话头具有戏谑性，却能窥见当时师家与行脚僧之间问答的真实情况。可以说这也正反映了禅宗大众化时代的示众。当时潭州沩山灵祐禅师(771—853)门下聚集了千众，同在潭州的石霜庆诸禅师(807—888)门下还有"二百来个新到"，洪州云居道膺禅师(？—902)门下聚集了千五百众，福州雪峰义存禅师(822—908)门下聚集了千七百众。德山立于"第一义"只以上根器者作为接引对象，已成为时代的落伍者了。禅宗大众化时代要求随机应变的对应方法以及新的"建立"方式。雪峰义存是继承德山的人，同时在接引的方法这一点上，与临济一样，值得重视。雪峰将自身称为"死马医"，也就是即使是无计可施的钝根修行者也敢于施行方便的对策。那是因为他自身也是被称为"三到投子，九上洞山"(《雪峰年谱》大中七年条)的钝根的人，这样的行脚经验使他有了宽广的胸怀去接引他人。这也是在禅宗大众化时代师家的类型之一。距马祖道一(709—788)的新禅宗百年后的9世纪后半叶，唐末的禅宗在江西的洞山、曹山、云居山、仰山，湖南的沩山、石霜山、德山，福建的雪峰山，以及河北的赵州(观音院从谂)、镇州(临济义玄)等，都在摸索着面对这被称为唐宋变革期的动乱时代的新的生存方式。在这样的视野下，能够判断德山与临济所处的立场。

（戒法　译）

（日文原稿刊于《东洋文化研究所纪要》158号，2010年。）

临济义玄禅师的禅思想

一、资料

考察临济义玄禅师的禅思想之前,首先有必要对资料作一简单的说明。关于《临济录》的文本,以形成于北宋初期的单行本(现已失传)为原点,大体可分为两个系统:(一)《四家录》所收本,后收录于《天圣广灯录》、南京图书馆本《四家录》以及明版《四家语录》中所展开的系统;(二)黄龙慧南校订的《四家录》,经过圆觉宗演的重新编排,后收录于《续开古尊宿语要》以及《古尊宿语录》的系统。元代以后的单行本,是从《古尊宿语录》中单独抽出进行流通的文本(如下系统图所示):

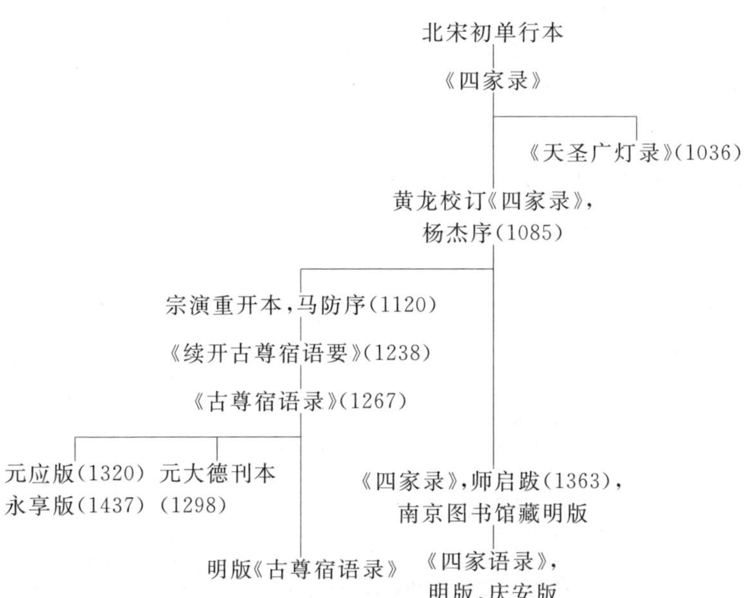

由此可知，现存《临济录》的版本是由“四家录”与“古尊宿”两个系统构成。后者是圆觉宗演再编《四家录》时，改变原有的编排和字句，并增补了一些宋代的资料。因此，我们研究临济义玄禅师的禅思想，应该以保存最早形态的《天圣广灯录》本的《临济录》为基本资料。

另外，示众部分是《临济录》的核心，占全体的60%，而且这一部分成立最早，大概是临济禅师圆寂（唐咸通七年[866]）后100年左右，即五代时期（10世纪后半）就已经定型。① 示众以外的部分（圆觉宗演再编本称作上堂、勘辨、行录等部分）成立比较晚，其中还有可能掺杂一些后代的思想。因此，可以说示众是研究临济禅师的禅思想最可靠的资料。

二、临济禅师的示众

临济禅师的示众是在河北镇州临济院对从各地来参的行脚僧人说法的一部集录。唐代镇州城坐落在“五台山进香道”的东面起点②，正如日僧圆仁的《入唐求法巡礼行记》所记录③，从各地来的禅僧结队行脚，通过这一条路，向五台山进香。他们很有可能往五台山进香的途中，会顺路到镇州城外东南（后来搬到城内）的临济院落脚。因临济院是在滹沱河畔的小院，常住僧不多，义玄禅师示众说法的主要对象应该是这些行脚僧人。因而他说法的主题多少涉及行脚求法的问题。他要求行脚僧人坚持“真正见解”，反复向他们解说什么是“真正见解”。

---

① 参照拙稿《临济录的形成》（改稿），收于《临济禅师1150年远讳纪念〈临济录〉国际学会论文集》，日本禅文化研究所，2016年5月。

② 严耕望《唐代交通图考》第五卷河东河北区篇四四“五台山进香道”（“中央研究院”历史语言研究所专卷之八十三，1989年）。敦煌石窟第61窟西壁有五代画的壁画《五台山图》，其东端描绘镇州城图（敦煌研究院编《敦煌石窟全集》第二六卷交通图卷，香港商务印书馆，2000年）。

③ 圆仁《入唐求法巡礼行记》卷二开成五年（840）四月二十二日镇州；同卷五月十七日五台山善住阁院（上海古籍出版社，1986年）。

《示众》的开头第一段说法可视为其纲要：

> 师示众云："今时学佛法者，且要求真正见解。若得真正见解，生死不染，去住自由；不要求殊胜，殊胜自至。道流！只如自古先德，皆有出人底路。如山僧指示人处，只是要你不受人惑，要用便用，更莫迟疑！如今学者不得，病在甚处？病在不自信处。你若自信不及，即便忙忙地徇一切境转，被他万境回换，不得自由。你若能歇得念念驰求心，便与祖佛不别。你欲得识祖佛么？只你面前听法底是。学人信不及，便向外驰求。设求得者，皆是文字名相，终不得他活祖意。莫错！禅德。此时不遇，万劫千生，轮回三界，徇好恶境掇去驴牛肚里生。道流！约山僧见处，与释迦不别。每日多般用处，欠少什么？六道神光，未曾间歇。若能如是见得，只是一生无事人。"①

临济禅师说，到达"真正见解"就是禅僧求法修行的最后目的：解脱。那么，什么是"真正见解"？就是现在在我（临济）面前倾听我说法的你们觉悟到自己本身完全不外乎祖师、佛陀，如能完全相信这一道理，本身就是不需要行脚，也不需外求真理的"无事人"。

三、理论——马祖的禅思想

临济禅师的这一说法，其理论根据主要来自马祖道一（709—788）所开创的新兴禅宗思想。马祖在中唐时期创始的新兴禅宗，其两条纲要为"即心是佛"（我心就是佛）和"作用即性"（人的见闻觉知的作用便是佛性的表现）。传统佛学认为：虽然佛性人人具有，但被烦恼遮蔽而未能发挥，因此人们需要

① 引用《临济录》均据宋版《天圣广灯录》，柳田圣山编《禅学丛书》之五《宋藏遗珍 宝林传 传灯玉英集 附天圣广灯录》，日本中文出版社，1983 年再版本。

依据戒律来对治烦恼，学修庞大无量的经论，坚持长期的修行生活之后，才能达到与佛同等的觉悟。这是印度人的解脱思想，即人们无限反复轮回转生，最后达到解脱。但中国人马祖道一不堪忍受印度人的这么迂阔、不合实际的理论，想到孔子说的"道不远人"的话，认为佛教的解脱也应该是如此。于是，他就说"佛不远人""道不离众生"：

> 尝曰："佛不远人，即心而证。法无所摄，触境皆如。岂在多岐，以泥学者？故夸父、吃诟，求之愈疏，而金刚、醍醐，正在方寸。"①

> 若说如来权教三藏，河沙劫说不可尽，犹如钩锁亦不断绝；若悟圣心，总无余事。②

> 非离真而有，立处即真，立处尽是自家体。若不然者，更是何人！③

第三条有"若不然者，更是何人！"的坚决的语气。这是他对传统佛学的一句诀别之词："若依据传统佛学，我今生得不到拯救！必须得深信'非离真而有，立处即真'。"马祖之所以能站在这么决然无疑的立场，实际上他抱有"佛不远人"的信念，而这一信念不是来自佛学，而是来自《礼记·中庸》中的孔子之言

---

① 权德舆《洪州开元寺石门道一禅师塔铭并序》，《唐文粹》卷六四，《四部丛刊初编》本；《权德舆诗文集》卷二八，上海古籍出版社，2008 年，426 页。案："摄"《诗文集》作"着"；"诟"《文粹》从口，《诗文集》从土，今据《庄子集释·天地篇》。

② 《天圣广灯录》卷八"洪州马祖道一大寂禅师"，见《禅学丛书》本《宋藏遗珍宝林传 传灯玉英集 附天圣广灯录》，日本中文出版社，1983 年，402 页。

③ 《景德传灯录》卷二八"江西大寂道一禅师语"，东禅寺版宋本，禅文化研究所影印本，1995 年，577 页。

“道不远人”[①]。另外，马祖和汾州无业(759—820)的对话中也有“道不离众生”之言：

后闻洪州大寂禅门之上首，特往瞻礼。业身逾六尺，屹若山立。顾必凝睇，声仵洪钟。大寂一见异之，笑而言曰：“巍巍佛堂，其中无佛。”业于是礼跪而言曰：“至如三乘文学，粗穷其旨。尝闻禅门即心是佛，实未能了。”大寂曰：“只未了底心即是，别物更无。不了时即是迷，若了即是悟；迷即众生，悟即是佛；道不离众生，岂别更有佛！亦犹手作拳，拳全手也。”业言下豁然开悟，涕泪悲泣，向大寂曰：“本谓佛道长远，勤苦旷劫，方始得成。今日始知，法身实相，本自具足，一切万法，从心所生，但有名字，无有实者。”[②]

马祖的教说“即心是佛”受到了广泛的支持，而“作用即性”或“性在作用”的说法则立即遭到南阳慧忠(？—775)的批评[③]和圭峰宗密(780—841)的担心[④]，后来宋学的批评也集中在这一点上。然而马祖禅学的新颖、革新就在这一点，也正是引导人们“即心是佛”的具体方法。如何体会禅宗的觉醒“即心是佛”？“性在作用”(佛性发挥在日常见闻觉知的作用中)究竟是何种事态？马祖说：

---

① 《礼记·中庸》：“子曰：道不远人。人之为道而远人，不可以为道。”众所周知，宋学对此给予重视。朱子注：“道者率性而已。固众人之所能知能行者也。故常不远于人。”(《四书集注》，艺文印书馆影印本，1974年)

② 《宋高僧传》卷一一“唐汾州开元寺无业传”，中华书局，《中国佛教典籍选刊》，1987年，247页。

③ 东禅寺版宋本《景德传灯录》卷二八“南阳慧忠国师语”：“若以见闻觉知是佛性者，净名不应云法离见闻觉知。若行见闻觉知是则见闻觉知，非求法也。”(571页)

④ 石井修道《真福寺文庫所蔵の〈裴休拾遺問〉の翻刻》：“今洪州但言贪嗔戒定一种，是佛性作用者，阙于拣辨迷悟倒正之用也。”(《禅学研究》第60号，1981年)

一切众生，从无量劫来，不出法性三昧。长在法性三昧中，着衣吃饭，言谈祗对。六根运用，一切施为，尽是法性。不解返源，随名逐相，迷情妄起，造种种业。若能一念返照，全体圣心。汝等诸人，各达自心，莫记吾语。[①]

"一切众生，从无量劫来，不出法性三昧。长在法性三昧中，着衣吃饭，言谈祗对"这一句话的背后也可能隐藏着"百姓日用而不知"(《周易·系辞传上》)的中国思想。"一切众生，从无量劫来，不出法性三昧"(所有的人本来生活在觉醒的世界中)这种思想本来是不能证明、也不能说明的一种信仰，但他说只要"一念返照"，人们自己就能感觉到其真实性。即需要一番"回心"的宗教体验。对一个人内心中实现这种"事理圆融"的世界，马祖说"皆由心之回转"(《景德传灯录》卷二八"江西大寂道一禅师语")，透露了他自己本身曾有这种经验。由"一念返照"而"达自心"的契机是什么呢？这就是马祖提倡的"见色即是见心"的悟道方法：

法无自性，三界唯心。经云："森罗及万像，一法之所印。"凡所见色，皆是见心。心不自心，因色故心；色不自色，因心故色。故经云："见色即是见心。"[②]

"见色即是见心"这一表述，一般被认为是马祖根据《楞伽经》的"自心现量"而改造：

佛告大慧："如是，凡夫恶见所噬，外道智慧，不知如梦，自心现量，依于一异、俱不俱、有无非有非无、常无常

---

① 《天圣广灯录》卷八"马祖道一大寂禅师章"，开元寺版宋本，402页。

② 《宗镜录》卷一，《大正藏》第48册。马祖此条学说依据南岳怀让之说："'一切万法，皆从心生'。若达心地，所作无碍。汝今此心，即是佛故。达磨西来，唯传一心之法。'三界唯心'，'森罗及万像，一法之所印'。凡所见色，皆是自心。心不自心，因色故心。……从心所生，即名为色。知色空故，生即不生。"(《宗镜录》卷九七，《大正藏》第48册)

见。譬如画像,不高不下,而彼凡愚,作高下想。”[①]

这一条经文说明的是人们如何容易弄错自己的认识。《楞伽经》的“自心现量”所说的是,自心常常显现出一个子虚乌有的幻象,然后把幻象当作实物,而对此又怀有各种各样的感情。[②] 作为一种人心习性的“自心现量”确实是“见色即是见心”的思想背景,但这两种说法却正好是从相反的角度来表述的:虽然同样依据“外界是人心显现出来的”这一唯识思想,“自心现量”所说的是人们把幻想的外界错误认为实物的否定性的人心习性;而“见色即是见心”则是相反地先认识到外界是空,然后再发现如此认识的心,同时确认这个心就是佛心。[③] 马祖一系的禅僧认为这是为他们示范说出的肯定性悟道论。

根据马祖的说法,既然人们本来都生活在觉醒的世界,只要自我满足,在日常生活中知足安分即可,求佛学法、修行行脚、坐禅论道、渴望开悟,不仅是完全不必要的,反而会导致污染本来具有的清净心的结果。马祖说:“道不用修,但莫污染。”[④]假如言及“修”,马祖就说:“自性本来具足。但于善恶事上不滞,唤作修道之人。”[⑤]宗密也总结洪州宗教义:“但任心为修。”[⑥]也就是说:“马祖最终否认任何形式的开悟。开悟预设了悟与迷、明与痴的区别,而平常的、完整的心已经就是佛性,本来无需区别,开悟也就不存在。”[⑦]

---

① 《楞伽阿跋多罗宝经》卷二《一切佛语心品》,《大正藏》第 16 册。

② 高崎直道《楞伽经》,《佛典讲座》,大藏出版,1980 年,122 页。

③ 参见柳幹康《禅者が見た心:馬祖の〈楞伽経〉解釈の新しさ》,《東アジア仏教研究》第 10 号,2012 年。

④ 东禅寺版宋本《景德传灯录》卷二八“江西大寂道一禅师语”,576 页。

⑤ 开元寺版宋本《天圣广灯录》卷八“马祖章”,402 页。

⑥ 参前揭石井修道《真福寺文庫所蔵の〈裴休拾遺問〉の翻刻》。

⑦ 贾晋华《古典禅研究:中唐至五代禅宗发展新探》(修订版),上海人民出版社,2013 年,142 页。

这种平明易解的“平常无事禅”，广泛冲击了中晚唐社会，以强烈的力量吸引了很多出家人改做禅僧，结果唐末五代竟然出现了一种禅宗大众化现象。如果冷静地去思考，这正是“说来容易作起难”的大问题。因此，人们就注意到马祖提出来的“见色即是见心”的悟道论。

众所周知，“性在作用”的理论根据是禅宗传承的菩提达磨的印度弟子波罗提尊者和异见王的一条对抗辩论：

> 王又问曰：“何者是佛？”波罗提曰：“见性是佛。”王曰：“师见性不？”波罗提曰：“我见佛性。”王曰：“性在何处？”波罗提曰：“性在作用。”王曰：“是何作用？今不睹见。”波罗提曰：“今现作用，王自不识。”王曰：“师既所见，云有作用，当于我处而有之不？”波罗提曰：“王若作用，现前总是；王若不用，体亦难见。”王曰：“若当用之，几处出现？”师曰：“若出用时，当有其八。”卓立云端，以偈告曰：“在胎曰身，处世名人；在眼曰见，在耳曰闻；在鼻辩气，在口谈论；在手执捉，在脚运奔。遍现俱该法界，收摄不出微尘。识者知是佛性，不识者唤作精魂。”①

然而目前我们找不到这一典故的古老渊源，它第一次出现在给马祖所创始的新兴禅宗提供了历史和理论根据的《宝林传》②，因而这一典故也很可能出自中国人之手。总之，“性在作用”无疑是中国人容易接受的理论。

如此，马祖道一开创的新兴禅宗具有“即心是佛”、“性在作用”（作用即性）、“平常心是道”的佛性论和“见色即是见心”的悟道论，崛起于8世纪后半叶，迅速引起广大僧俗的关心，到9、

---

① 《宗镜录》卷九七，《大正藏》第48册。又见《景德传灯录》卷三“达磨章”、《天圣广灯录》卷六“达磨章”、《正法眼藏》卷上等。

② 此段断片见《宝林传》卷七“般若多罗章”逸文。参椎名宏雄《〈宝林伝〉逸文の研究》，《驹泽大学佛教学部论集》第11号，1980年。

10世纪发展到极点。马祖的再传弟子沩山灵祐(771—853)、黄檗希运(?—大中年间[847—859])出现,发展其理论,影响扩展到江西、湖南一带。临济禅师青年时代到南方行脚,深受这种新兴禅宗思想的影响。

四、实践——对行脚禅僧的说法

在河北镇州临济院,义玄禅师根据马祖禅学的基本理论,对从各地来参问的行脚禅僧举行示众说法。他说法的基调只是要求行脚禅僧坚持"真正见解",立刻停止求佛学法的行脚这一件事。正如上面所引第一条《示众》所说,劝告他们不要"受人惑"。

(一)"人惑"的第一是传统佛学

行脚禅僧感觉到传统佛学的局限,于是离开所属的教团,投入新兴宗教——禅宗中,行脚求师访友。但是据义玄禅师的看法,他们还染上旧习,未能摆脱传统佛学的羁绊,囿于几种错误的想法。

1. 他们假设佛陀为终极理想,企求达到其境界:

> 有一般秃比丘,向学人道:"佛是究竟,于三大阿僧祇劫修行,果满始成道。"道流!你若道佛是究竟,缘什么八十年后向拘尸罗城双林树间侧卧死去?佛今何在?明知与我生死不别。你言:"三十二相、八十种好是佛。"转轮圣王应是如来。明知是幻化。古人云:"如来举身相,为顺世间情。恐人生断见,权且立虚名。假言三十二,八十也空声。有身非觉体,无相乃真形。"你道:"佛有六通,是不可思议。"一切诸天、神仙、阿修罗、大力鬼亦有神通,应是佛否?道流!莫错!只如阿修罗与天帝释战,战败,领八万四千眷属入藕丝孔中藏。莫是圣否?如山僧所举,皆是业通、依通。

临济禅师说：佛陀是一位到八十岁死去的人，和我们一样。他敢把佛陀作为一个普通的人对待。这是一个全新的佛陀形象。[①] 这大概是由于临济禅师曾经亲眼看到会昌年间(845～846)破坏佛像、佛经、佛寺才产生这样的感慨。

2. 传统佛学修道论说：到达佛陀的觉悟境界，必须经过很繁杂的修行阶段。

> 道流！取山僧见处，坐断报化佛头。十地满心，犹如客作儿。等妙二觉，担枷负锁汉。罗汉、辟支，犹如厕秽。菩提、涅槃，如系驴橛。何以如此？只为道流不达三祇劫空，所以有此障碍。若是真正道人，终不如是。但能随缘消旧业，任运着衣裳，要行即行，要坐即坐，无一念心希求佛果。缘何如此？古人云："若欲作业求佛，佛是生死大兆。"

这里传统佛学建构的庞大修行体系被一种激昂的语气反驳。临济禅师以"随缘任运"这种禅的、老庄的生活方式来与此对峙，也是很有中国特色的主张。

> 你诸方言道："有修有证。"莫错！设有修得者，皆是生死业。你言六度万行齐修，我见皆是造业。求佛求法即是造地狱业，求菩提亦是造业，看经看教亦是造业。佛与祖师是无事人。
>
> 道流！诸方说："有道可修，有法可证。"你说证何法？修何道？你今用处欠少什么物？修补何处？后生小阿师不会，便即信者般野狐精魅，许他说事，系缚他人，言道："理行相应，护惜三业，始得成佛。"如此说者，如春细雨。古人云："路逢修道人，第一莫向道。"所以言："若人修道道不行，万般邪境竞头生。智剑出来无一物，明头未显暗头

① 此据德山宣鉴的示众："你岂不闻道'老胡经三大阿僧祇劫修行'，即今何在？八十年后死去。与你何别？"(大慧《正法眼藏》卷上)

明。”所以古人云：“平常心是道。”

临济禅师说：不是经过修行而悟道。为什么呢？终极理想的佛陀是一位无须外求的“无事人”。因此，不是通过修行而悟道，而是现今的你们本身与佛陀无异，只需这样相信而生活。

> 问：“如何是真正见解？”师云：“你但一切入凡入圣，入染入净，入诸佛国土，入弥勒楼阁，入毗卢遮那法界，处处皆见国土成住坏空。佛出于世，转大法轮，即入涅槃，不见有去来相貌。求其生死，了不可得。便入无生法界，处处游履国土，入华藏世界，尽见诸法空相，皆无实法。唯有听法无依道人，是诸佛之母。所以佛从无依生。若悟无依，佛亦无得。若如是见得者，是真正见解。”

这里临济禅师就行脚禅僧的实际情况来说明什么叫“真正见解”。禅僧每到各地丛林行脚，见到老师，受到各种各样的教导，进而探究其境界，但这都只不过是语言表达出来的观念世界，而这观念世界本来是你们自己产生出来的。你们觉悟到这些观念世界本来是空的，乱跑外求的行脚活动也就不必要了。这就是临济禅师所说的“无依道人”。坚定不疑地相信这个道理，就是临济禅师所谓的“真正见解”。

（二）“人惑”的第二是禅宗教条

马祖禅学的“性在作用”的佛性论是一个用身体动作表示佛性所在的手法，即用眼闭开、凝视对方、振动身体、用手指点、挥手一划、竖立拂子等动作让人看；“见色即是见心”的悟道论则是用这些动作让人看所指的对象，通过观看这一作用来发现自己的佛性。这个简单明快的理论，当初给人们相当大的冲击，但也正是由于它的极其简单让模仿者轻易胡乱套用，结果它在大众化了的禅宗社会里导致了一种庸俗理解，这些方便的手法便陷入了随易的模式。临济禅师对这些乱用模式的老师和行脚僧人大加批评，称他们为“老秃兵”“老秃奴”“野狐精魅”“瞎屡生”“瞎汉”：

大德！且要平常，莫作模样！有一般不识好恶秃兵，便即见神见鬼，指东划西，好晴好雨。如是之流，尽须抵债，向阎老前吞热铁丸有日。好人家男女被者一般野狐精魅所着，便即捏怪。瞎屡生！索饭钱有日在！

道流！真佛无形，真法无相。你只么幻化上头作模作样。设求得者，皆是野狐精魅，并不是真佛。是外道见解。

有一般不识好恶秃奴，即指东划西："好晴好雨，好灯笼露柱。"你看！眉毛有几茎？"者个具机缘！"学人不会，便即心狂。如是之流，总是野狐精魅魍魉，被他好学人嗌嗌微笑言："瞎老秃兵！惑乱他天下人！"

如诸方学道流，未有不依物出来底，山僧向此间从头打：手上出来手上打，口里出来口里打，眼里出来眼里打。未见有一个独脱出来底，皆是上他古人闲机境。山僧无一法与人，只是治病解缚。你诸方道流！试不依物出来！我要共你商量。十年五载，并无一人，皆是依草附叶、竹木精灵、野孤精魅，向一切粪块上乱咬。瞎汉！枉消他十方信施。道："我是出家儿。"作如是见解。向你道：无佛无法，无修无证。只与么傍家拟求什么物？瞎汉！头上安头！是你欠少个什么！

临济禅师在这里提到的“模样”就是马祖禅学开发出来的种种手法：如面对“如何是佛法大意？”(什么是佛？)、“如何是祖师西来意？”(什么是禅？)的提问，老师回答表示“就是你自己”，就用马祖禅学“性在作用”的身体动作的模式来应付。对此，临济禅师称作“上古人闲机境”来批评。所谓“指东划西，好晴好雨，好灯笼露柱"也是指这种模式而言，即通过指点外境，使人观看，再发现观看的这一作用就是自己佛性的作用。当时马祖的再传弟子沩山灵祐在湖南以此作为马祖"见色即是见心"理论的具体化手法而常用来指导参问的禅僧。

（三）"禅宗见解"

临济禅师对传统佛学、禅宗教条的两种"人惑"，提出"真正见解""禅宗见解"来表明他自己的思想：

> 夫出家者，须辨得平常真正见解，辨佛辨魔，辨真辨伪，辨凡辨圣。若如是辨得，名真出家。若魔佛不辨，正是出一家，入一家，唤作造业众生，未得名为真出家。只如今有一个佛魔，同体不分，如水乳合，鹅王吃乳。如明眼道流，魔佛俱打。你若爱圣憎凡，生死海里浮沉。

他说真正的出家人必须得辨别佛和魔、真和伪、凡和圣，而明眼道流，即禅僧，则要把这样的价值意识本身彻底打破。这就是与传统佛学区别开来的禅学思想的特色。

> 问："如何是佛魔？"师云："你一念心疑处是佛魔。你若达得万法无生，心如幻化，更无一尘一法，处处清净，即无佛魔。佛与众生是染净二境。约山僧见处，无佛无众生，无古无今。得者便得，不历时节；无修无证，无得无失。一切时中，更无别法。设有一法过此者，我说如梦如化。山僧所说皆是。
>
> 道流！大丈夫儿！今日方知本来无事，只为你信不及，念念驰求，舍头觅头，自不能歇。如圆顿菩萨，入法界，现身向净土中，厌凡忻圣。如此之流，取舍未忘，染净心在。如禅宗见解，又且不然。直是见今，更无时节。山僧说处，皆是一期药病相治，总无实法。若如是见得，是真出

家，日销万两黄金。”

所谓“圆顿菩萨”是在佛教教学中到达修行阶段的最高地位的菩萨，而临济禅师断定他还执着于分别意识，然后他宣明“禅宗见解”则摆脱神圣意识（凡夫修行上阶段，最后登上圣位）。这是唐代禅学的重要特征，也是临济禅师的核心思想。他说“外不取凡圣，内不住根本”（向外不求神圣，内面不注重佛性）、“心外无法，内亦不可得”（心外没有真理，但心本身也没有实体）。人总有对神圣性的渴望，它的魅力必然折服人，人们容易成为其魔力的俘虏，结果神圣性本来具有的清净化的作用却变成束缚人的约束，人就不能自由了。临济禅师将它称作“佛魔”。他在一次很有名的上堂说法时说过的“一无位真人”，也应作如是观：

> 上堂云：“赤肉团上有一无位真人，常从汝等诸人面门出入。未证据者看看！”时有僧出问：“如何是无位真人？”师下禅床把住云：“道！道！”僧拟议，师托开云：“无位真人是什么干屎橛！”便归方丈。

所谓“赤肉团上有一无位真人，常从汝等诸人面门出入”，究竟是什么情况？他把人的见闻觉知的感觉作用用譬喻表达为“六道神光”常从面孔发光，再作拟人化说“一无位真人常从你们面孔出入”。“真人”本来是道家所谓的体道的神仙，后来魏晋南北朝时期汉译佛经里用作修行达到最高地位的阿罗汉。但临济禅师加上了“无位”两个字，他说的“真人”已经超越地位、阶段。而这个“无位真人”和人的肉体完全一体化。《宗镜录》卷九八、《祖堂集》卷一九“临济和尚章”中收录的早期异文谓“五蕴身田内有无位真人，堂堂显露，无毫发许间隔”，就能证明“无位真人”和“五蕴身田”完全是一体。临济禅师并没有说人的肉体之外还有一个超越性的实体。但是他一说出“赤肉团上有一无位真人，常从汝等诸人面门出入”的话时，人们就容易想象人的肉体之外还有一个超越性的神圣实体。果然在此有一个僧人听到“未证据者看看”就问：“如何是无位真人?”临济禅师立刻就下禅床，抓住他说：“你说！你说!”要求他不要问，作为“无位真人”说一句。僧人要发议论，临济禅师就推开，说：“无位真人变成了什么干屎橛!”就回方丈去了。临济禅师要求僧人相信自己就是“无位真人”，这样格调很高的一场上堂说法，因为僧人无法接受这一境界，结果归于失败。临济禅师就后悔了“无位真人”的扬言，只能很不高兴地回方丈去。以后临济禅师不再使用“无位真人”这个词语，正是因为惟恐僧人误解。福建的雪峰义存(822—908)听到临济禅师的这一上堂说法，就惊叹不已，说：“林济大似白拈贼!”(《景德传灯录》卷一一)雪峰认为：临济一说出“无位真人”，被僧人误解，他就把“无位真人”转化作“干屎橛”来骂他。雪峰对临济这样如闪电一般极其敏捷的手法表示赞叹。处在同时代的唐代末期禅宗大众化的情况下，雪峰也面临如何克服对马祖禅学的庸俗理解这一课题。因此他敏锐地认识到临济禅师“无位真人”上堂说法的危险，同时他对临济禅师的手法表示一种深厚的敬意。对临济禅师的这一上堂说法中“无位真人”的含意，还应该结合雪峰义存的评语来理解。因为这是唐代禅学和临济禅师的一个非常重要的思想问题。

五、语言

佛教从印度经过西域传到了中国，本来是作为一种从苦恼中解放人的解脱性宗教，却创造了地狱这一巨大暴力装置，迫使人陷入了“益惧奉法”[①]的心理状态。临济禅师在示众说法

① 《冥祥记·马虔伯》，鲁迅辑《古小说钩沈》下册，《鲁迅三十年集》之七，香港新艺出版社，1967年。

中，摆脱了这种中世人的迷信世界，显示了近世人的精神：

> 道流！真佛无形，真法无相。你只么幻化上头作模作样。设求得者，皆是野狐精魅，并不是真佛。是外道见解。夫如真学道人并不取佛，不取菩萨罗汉，不取三界殊胜，迥然独脱，不与物拘，乾坤倒覆，我更不疑。十方诸佛现前，无一念心喜；三途地狱顿现，无一念心怖。缘何如此？我见诸法空相，变即有，不变即无。三界唯心，万法唯识。所以"梦幻空花，何劳把捉？"唯有道流目前现今听法底人，入火不烧，入水不溺。入三途地狱，如游园观。入饿鬼畜生而不受报。缘何如此？无嫌底法。"你若爱圣憎凡，生死海里沉浮。烦恼由心故有，无心烦恼何拘？不劳分别取相，自然得道须臾。"你拟傍家波波地学得，于三祇劫中终归生死。不如无事，向丛林中床角头交脚坐。

他说"三途地狱""极乐世界"乃至"佛""解脱"都只不过是一种观念(佛教学的术语)，观念本来是空，而人们最容易被观念迷惑。观念是用语言表达出来的。那么观念是什么？他解释说：

> 大德！你莫认衣。衣不能动，人能着衣。有个清净衣，有个无生衣、菩提衣、涅槃衣，有祖衣，有佛衣。大德！但有声名文句，皆悉是衣变。从脐轮气海中鼓激，牙齿敲磕，成其句义。明知是幻化。大德！外发声语业，内表心所法，以思有念，皆悉是衣。你只么认他着底衣为实解。纵经尘劫，只是衣通。三界循还，轮回生死，不如无事。"相逢不相识，共语不知名。"

据临济禅师的示众说法，语言是一种"从脐轮气海中鼓激，牙齿敲磕，成其句义"的现象，观念也只不过是"外发声语业，内表心所法，以思有念"，这样造出来的。因此他断定说"明知是幻化”。而人们最容易妄信如此用语言表达出来的“菩提”“涅槃”“佛陀”、“解脱”这种佛教产生出来的神圣学术观念。临济禅师甚至说:“自达磨大师从西土来,只是觅得不受人惑底人。”这就是他对所谓“如何是祖师西来意”的提问所作的回答。他又说:“若有意,自救不了。”当然人们不能离开语言。临济禅师也在示众说法中饶舌地喋喋不休。但他用很多语言所传达的意思就在于“不要盲目相信语言”这点上。这不外乎禅宗所说的“不立文字”的精神。

问:“如何是西来意?”师云:“若有意,自救不了。”云:“既无意,云何二祖得法?”师云:“得者是不得。”云:“既若不得,云何是不得底意?”师云:“为你向一切处驰求心不能歇,所以祖师言:‘咄哉!丈夫!将头觅头!’你言下便自回光返照,更不别求,知身心与祖佛不别,当下无事,方名得法。大德!山僧今时事不获已,话度说出许多不才净,你且莫错!据我见处,实无许多般道理。要用便用,不用便休。”

他说“不要妄信语言”,换句话说,他要求“不要外觅,究明己事”。真理本来不是讨论而得的。正如他所言“你言下便自回光返照,更不别求,知身心与祖佛不别,当下无事”。这也就是黄檗希运禅师所言的“默契而已”。[①] 临济禅师接着又说“也不要盲目相信我所说的话”。“据我见处,实无许多般道理”,意思等同于他年轻时通过大愚和尚的指导大悟黄檗禅师的真意而大声说的“元来黄檗佛法无多子!”[②]“无多子”意为“一”,即黄檗禅师所言“即心是佛”(“身心与祖佛不别”)这一真理。

---

① 《传心法要》:“不可以心更求于心,不可以佛更求于佛,不可以法更求于法。故学道人直下无心,默契而已。”(《大正藏》第48册)

② 《临济录·行录》,《大正藏》第47册。

总结上面的论述，我们就可以一言以蔽之，曰："离于妄信，勇于坚信。"[①]

（本文为"第四届中日临济禅学术研讨会"会议论文，2016年9月。）

① 见田宗介《自我のゆくえ》，载《これからどうなる—日本・世界・21世紀》，岩波书店，1983年。

感兴之语

——唐末五代转型期禅宗对悟道论的探究

一

马祖道一(709—788)在中唐时期创始的新兴禅宗,其两条纲要为“即心是佛”(我心就是佛)和“作用即性”(见闻觉知的作用便是佛性)。传统佛学认为：虽然佛性人人具有,但被烦恼遮蔽而未能发挥,因此人们需要以戒律来对治烦恼,学修庞大无量的经论,坚持长期的修行生活之后,才能达到与佛同等的觉悟。对此,马祖说：

> 佛不远人,即心而证。法无所摄,触境皆如。岂在多岐,以泥学者?故夸父、吃诟,求之愈疏,而金刚、醍醐,正在方寸。[①]

> 若说如来权教三藏,河沙劫说不可尽,犹如钩锁亦不断绝;若悟圣心,总无余事。[②]

> 非离真而有,立处即真,立处尽是自家体。若不然者,

① 权德舆《洪州开元寺石门道一禅师塔铭并序》,《唐文粹》卷六四,《四部丛刊初编》本;《权德舆诗文集》卷二八,上海古籍出版社,2008年,426页。案：摄,《诗文集》作着;诟,《文粹》从口,《诗文集》从土,今据《庄子集释·天地篇》。

② 《天圣广灯录》卷八“洪州马祖道一大寂禅师章”,开元寺版宋本《天圣广灯录》,《宋藏遗珍 宝林传 传灯玉英集 附天圣广灯录》,《禅学丛书》,日本中文出版社,1975年,402页。

更是何人!①

第三条有“若不然者,更是何人!”的坚决的语气。这是他对传统佛学的诀别之辞:“若依据传统佛学,我今生得不到拯救!必须得深信‘非离真而有,立处即真’。”马祖之所以能站在这么决然无疑的立场,是因为他抱有“佛不远人”的信念,而这一信念不是来自佛学,而是来自《礼记·中庸》中的孔子之言“道不远人”②。另外,马祖和汾州无业(759—820)的对话中也有“道不离众生”之言:

> 后闻洪州大寂禅门之上首,特往瞻礼。业身逾六尺,屹若山立。顾必凝睇,声仵洪钟。大寂一见异之,笑而言曰:“巍巍佛堂,其中无佛。”业于是礼跪而言曰:“至如三乘文学,粗穷其旨。尝闻禅门即心是佛,实未能了。”大寂曰:“只未了底心即是,别物更无。不了时即是迷,若了即是悟;迷即众生,悟即是佛;道不离众生,岂别更有佛!亦犹手作拳,拳全手也。”业言下豁然开悟,涕泪悲泣,向大寂曰:“本谓佛道长远,勤苦旷劫,方始得成。今日始知,法身实相,本自具足,一切万法,从心所生,但有名字,无有实者。”③

马祖的教条“即心是佛”得到了广泛的支持,而“作用即性”或“性在作用”则立即遭到南阳慧忠(?—775)的批评④和圭峰

---

① 《景德传灯录》卷二八“江西大寂道一禅师语”,东禅寺版宋本,禅文化研究所影印本,1995年,577页。

② 《礼记·中庸》:“子曰:道不远人。人之为道而远人,不可以为道。”众所周知,宋学对此给予重视。朱子注:“道者率性而已。固众人之所能知能行者也。故常不远于人。”(《四书集注》,艺文印书馆影印本,1974年。

③ 《宋高僧传》卷一一“唐汾州开元寺无业传”,中华书局,《中国佛教典籍选刊》,1987年,247页。

④ 东禅寺版宋本《景德传灯录》卷二八“南阳慧忠国师语”:“若以见闻觉知是佛性者,净名不应云法离见闻觉知。若行见闻觉知是则见闻觉知,非求法也。”(571页)

宗密(780—841)的担心[①],后来宋学的批评也集中在这一点上。然而马祖禅学的新颖、革新就在这一点。这正是引导人们"即心是佛"的具体方法。如何体会禅宗的觉醒"即心是佛"?"性在作用"(佛性发挥在日常见闻觉知的作用中)究竟是何种事态?马祖说:

一切众生,从无量劫来,不出法性三昧。长在法性三昧中,着衣吃饭,言谈祇对。六根运用,一切施为,尽是法性。不解返源,随名逐相,迷情妄起,造种种业。若能一念返照,全体圣心。汝等诸人,各达自心,莫记吾语。[②]

"一切众生,从无量劫来,不出法性三昧。长在法性三昧中,着衣吃饭,言谈祇对"这一句话的背后可能隐藏着"百姓日用而不知"(《周易·系辞传上》)的中国思想。"一切众生,从无量劫来,不出法性三昧"(所有的人本来生活在觉醒的世界中)这种思想本来是不能证明、也不能说明的一种信仰,但他说只要"一念返照",人们自己就能感觉到其真实性。即需要一番"回心"的宗教体验。对一个人内心中实现这种"事理圆融"的世界,马祖说"皆由心之回转"(《景德传灯录》卷二八"江西大寂道一禅师语"),透露了他自己本身曾有这种经验。由"一念返照"而"达自心"的契机是什么呢?这就是马祖提倡的"见色即是见心"的悟道方法:

法无自性,三界唯心。经云:"森罗及万像,一法之所印。"凡所见色,皆是见心。心不自心,因色故心;色不自

---

① 石井修道《真福寺文庫所蔵の〈裴休拾遺問〉の翻刻》:"今洪州但言贪嗔戒定一种,是佛性作用者,阙于拣辨迷悟倒正之用也。"(《禅学研究》第60号,1981年)

② 《天圣广灯录》卷八"马祖道一大寂禅师章",开元寺版宋本,402页。

色，因心故色。故经云："见色即是见心。"[①]

"见色即是见心"这一表述，一般被认为是马祖根据《楞伽经》的"自心现量"而来的。

> 佛告大慧："如是，凡夫恶见所噬，外道智慧，不知如梦，自心现量，依于一异、俱不俱、有无非有非无、常无常见。譬如画像，不高不下，而彼凡愚，作高下想。"[②]

这一条经文说明的是人们如何容易弄错自己的认识。《楞伽经》的"自心现量"所说的是，自心常常显现出一个子虚乌有的幻象，然后把幻象当作实物，而对此又怀有各种各样的感情。[③] 作为一种人心习性的"自心现量"确实是"见色即是见心"的背景思想，但这两种说法却正好是从相反的角度来表述的：虽然同样依据"外界是人心显现出来的"这一唯识思想，"自心现量"是一种否定性的表达，所说的是人们把幻想的外界错误地认为是实物的人心习性；而"见色即是见心"则是相反地先认识到外界是空，然后再发现如此认识的心，同时确认这个心就是佛心。[④] 马祖一系的禅僧认为这是为他们示范说出的肯定性悟道论。

二

本文试图研究在马祖以后的唐末五代时期，禅僧是如何探

① 《宗镜录》卷一，《大正藏》第48册。马祖此条学说依据南岳怀让之说："'一切万法，皆从心生。'若达心地，所作无碍。汝今此心，即是佛故。达磨西来，唯传一心之法。'三界唯心'，'森罗及万像，一法之所印'。凡所见色，皆是自心。心不自心，因色故心。……从心所生，即名为色。知色空故，生即不生。"（《宗镜录》卷九七，《大正藏》第48册）

② 《楞伽阿跋多罗宝经》卷二《一切佛语心品》，《大正藏》第16册。

③ 高崎直道《楞伽经》，《佛典讲座》，大藏出版，1980年，122页。

④ 参见柳幹康《禅者が見た心——馬祖の〈楞伽経〉解釈の新しさ》，《東アジア仏教研究》第10号，2012年。

究“见色即是见心”这一问题的。根据马祖的想法，既然人们本来都生活在觉醒的世界，只要自我满足，在日常生活中知足安分即可，求佛学法、修行行脚、坐禅论道、渴望开悟，不仅是完全不必要的，反而会导致污染本来的清净心的结果。马祖说：“道不用修，但莫污染。”[①]假如言及“修”，马祖就说：“自性本来具足。但于善恶事上不滞，唤作修道之人。”[②]宗密也总结洪州宗教义：“但任心为修。”[③]也就是说：“马祖最终否认任何形式的开悟。开悟预设了悟与迷、明与痴的区别，而平常的、完整的心已经是佛性，本来无需区别，开悟也就不存在。”[④]

这种平明易解的“平常无事禅”，广泛冲击了中晚唐社会，吸引了很多出家人改做禅僧，导致唐末五代出现了一种禅宗大众化现象。如果冷静地去思考，这正是“说来容易做起来难”的大问题。因此，人们就注意到了马祖提出来的“见色即是见心”的悟道论。

众所周知，“性在作用”的理论根据是禅宗传承的菩提达磨的印度弟子波罗提尊者和异见王的一条对抗辩论：

> 王又问曰：“何者是佛？”波罗提曰：“见性是佛。”王曰：“师见性不？”波罗提曰：“我见佛性。”王曰：“性在何处？”波罗提曰：“性在作用。”王曰：“是何作用？今不睹见。”波罗提曰：“今现作用，王自不识。”王曰：“师既所见，云有作用，当于我处而有之不？”波罗提曰：“王若作用，现前总是；王若不用，体亦难见。”王曰：“若当用之，几处出现？”师曰：“若出用时，当有其八。”卓立云端，以偈告曰：“在胎曰身，

① 东禅寺版宋本《景德传灯录》卷二八“江西大寂道一禅师语”，576 页。

② 开元寺版宋本《天圣广灯录》卷八“马祖章”，402 页。

③ 参前揭石井修道《真福寺文庫所蔵の〈裴休拾遺問〉の翻刻》。

④ 贾晋华《古典禅研究：中唐至五代禅宗发展新探》（修订版），上海人民出版社，2013 年，142 页。

处世名人；在眼曰见，在耳曰闻；在鼻辩气，在口谈论；在手执捉，在脚运奔。遍现俱该法界，收摄不出微尘。识者知是佛性，不识者唤作精魂。”①

然而目前我们找不到这个典故更早的出处，它第一次出现在给马祖创始的新兴禅宗提供了历史和理论根据的《宝林传》②，因而这个典故也很可能出自中国人之手。总之，“性在作用”无疑是中国人容易接受的理论。

下面我们来看看马祖以后的禅僧对“见色即是见心”的悟道论进行了怎样的探究。

僧问：“古人道：‘见色便见心。’禅床是色，请和尚离色指学人心。”师云：“那个是禅床？指出来！”僧无语。③

一日长庆问：“‘见色便见心。’还见船子么？”师曰：“见。”曰：“船子且置，作么生是心？”师却指船子。④

僧问：“‘见色便见心。’灯笼是色，那个是心？”师曰：“汝不会古人意。”曰：“如何是古人意？”师曰：“灯笼是心。”⑤

问：“古人道：‘见色便见心。’此即是色，阿那个是心？”师曰：“恁么问，莫欺山僧么？”⑥

---

① 《宗镜录》卷九七，《大正藏》第48册。又见《景德传灯录》卷三“达磨章”、《天圣广灯录》卷六“达磨章”、《正法眼藏》卷上等。

② 此段断片见《宝林传》卷七“般若多罗章”逸文。椎名宏雄《〈宝林伝〉逸文の研究》，《驹泽大学佛教学部论集》第11号，1980年。

③ 《景德传灯录》卷一一“仰山慧寂禅师章”，东禅寺版宋本，176页。

④ 《景德传灯录》卷一九“保福院从展禅师章”，东禅寺版宋本，375页。

⑤ 《景德传灯录》卷二四“延庆院传殷禅师章”，东禅寺版宋本，486页。

⑥ 《景德传灯录》卷一八“龙华寺真觉大师灵照章”，东禅寺版宋本，370页。

这些对话的主旨是：禅僧通过"见色"的"见闻觉知"的认识作用，就要发现"见色"的自我之心，然后再领会到那时的我心便是"佛心"。这就是马祖的"作用即性"理论的实践。著名的"赵州柏树子"的公案也就是其例：

> 问："如何是祖师西来意？"师云："亭前柏树子。"僧云："和尚莫将境示人！"师云："我不将境示人。"僧云："如何是祖师西来意？"师云："亭前柏树子。"[①]

赵州和尚问的实际意思是"你见到亭前的柏树子了吗？"即让僧人发现自己的心，让他发觉到这就是"祖师西来意"[②]。然而赵州的指导没有成功，上列四条对话也都终归于失败。因为他们起初有"见色便见心"的理论，遵从这一理论，首先"见色"，然后寻求如何"见心"。这完全是一个误解，他们失败的原因便在于此。

上列对话中，"见色便见心"一句是作为古人的话提出来的。继承马祖的"作用即性"理论，重新把"见色便见心"作为悟道论提出来的人，当时一般被认为是沩山灵祐(771—853)。沩山是马祖的第三代弟子。以下我们来考察9—10世纪福建的雪峰义存(822—908)门下对"见色便见心"的探究。

> 又一日普请，雪峰举沩山语："'见色便见心'，还有过也无？"师对云："古人为什摩事？"峰云："虽然如此，我要共汝商量。"对云："与摩商量，不如某甲镢地。"[③]

雪峰对他的弟子镜清道怤(868—937)举出沩山语"见色便

① 《祖堂集》卷一八"赵州和尚章"，禅文化研究所影印本，661页；中华书局版下册，789页。

② 小川隆著、何燕生译《语录的思想史》序论"亭前柏树子"，复旦大学出版社，2015年。

③ 《祖堂集》卷十"镜清和尚章"，禅文化研究所影印本，382页；中华书局版上册，467页。

见心”，问：“还有过也无？”他自己怀疑沩山的“见色便见心”的解释有误，想进一步确认。果然镜清也回答说：“对！古人说出这么错误的话，为的是什么呢？”雪峰说：“我想就这一点和你讨论。”镜清说：“和老师讨论这个问题，还不如我干我的活儿。”他的意思是：这不过是一场戏论。

> 师指树橦子问长庆：“古人道：‘见色便见心，心外无余。’你还见树橦子不？”对云：“见什摩？”师云：“孤奴！”庆云：“不孤，和尚。”师云：“你道不孤，我道孤。”庆退三步而立。师云：“你问我，我与你道。”庆便问：“和尚见树橦子不？”师云：“更见什摩？”①

雪峰在此先确认他的弟子长庆慧棱（854—932）的反应，然后明显地对“见色便见心”站在否定的立场来进行讨论。“更见什摩”意思是：除了你现在见到的树橦子（木材）以外，还见到什么！即否定了“见心”的回答。马祖提倡“作用即性”后经过一百年，到了对此说抱有怀疑、并进行重新探讨的时期。

三

至此，我们联想起明代王阳明（1472—1528）的一个自述回忆：他青年时，和一个朋友作“格物”的实践，面对亭前的竹子进行具体的“格物”实践来“求”竹子的“理”，最后两人均以失败告终。

> 初年，与钱友同论：“做圣贤，要格天下之物，如今安得这等大的力量？”因指亭前竹子，令去格看。钱子早夜去穷格竹子的道理，竭其心思，至于三日，便致劳神成疾。当初说：“他这精力不足。”某因自去穷格，早夜不得其理，到七

---

① 《祖堂集》卷七“雪峰章”，禅文化研究所影印本，294页；中华书局版上册，360页。

日亦以劳思致疾。遂相与叹:“圣贤是做不得的,无他大力量去格物了。”及在夷中三年,颇见得此意思,乃知天下之物,本无可格者,其格物之功,只在身心上做,决然以圣人为人人可到,便自有担当了。[①]

王阳明正德三年(1508)在谪居贵州龙场时,处于濒死的困境中,“忽中夜大悟格物致知之旨,不觉呼跃而起,从者皆惊。‘始知圣人之道,吾性自足,向之求理于事物者误也。’”(《年谱》正德三年条)这就是他的一场回心的体验“龙场悟道”。

耐人寻味的是洞山良价(807—869)也叙述了同样的感想:

洞山和尚《悟道偈》云:“向前物物上求通,只为从前不识宗。如今见了浑无事,方知万法本来空。”[②]

洞山《悟道偈》所说的“向前物物上求通,只为从前不识宗”等同于王阳明的“向之求理于事物者误也”;“如今见了浑无事,方知万法本来空”相当于“乃知天下之物,本无可格者,其格物之功,只在身心上做”。洞山和尚在行脚过河时,见到水面上的影子就觉悟本源(心),当时的感兴被称作《过水偈》,上面的《悟道偈》即根据《过水偈》所作:

切忌随他觅,迢迢与我疏。我今独自往,处处得逢渠。渠今正是我,我今不是渠。应须与摩会,方得契如如![③]

“他”(影子)、“我”(现在的我)和“渠”(它,即真实的我)三者的关系是:过河时,我见到了我的影子,知道了影子是幻影,见影的我也无常,此一刹那间,洞山发现了如此认识的自我的

---

① 《传习录》卷二,《阳明先生集要》上册,《理学丛书》,中华书局,2008年,125页。

② 《宗镜录》卷六,《大正藏》第48册。

③ 《祖堂集》卷五“云岩和尚章”,禅文化研究所影印本,196页;中华书局版上册,253页。

存在；同时发觉到它不是幻影，也不是无常，就是真实的我。此一瞬间，了解到过河的“我”和认识到的“渠”为一而又不是一。“哦！我知道了！原来如此！”最后两句“应须与摩会，方得契如如”不是自夸之词，而是洞山直率地表述了自己一刹那间体验到的感动。这是因为洞山在遇到这一体验以前，他探究的课题是所谓“无情说法”（即如何体会无情之物说的道理）以及他的老师云岩昙晟（826—885）提出的“只这个汉是”（即如何体会现实存在与真实存在的关系）。因此他过河时发觉了影子（无情）、见影的我（现实存在的我）和见到两者的我（真实存在），就引发了个人的回心体验。《悟道偈》是经过一番省思重新表述的作品，而《过水偈》则叙述了他的直接体验。因而《悟道偈》是将回忆进行了一般化的总结（“方知万法本来空”）。

如此，先有由某种起因引发的个人体验，才能觉悟平时熟悉的道理的真正的含意。新罗元晓法师（617—686）的体验正是如此：

> 如昔有东国元晓法师、义相法师。二人同来唐国寻师。遇夜宿荒，止于冢内。其元晓法师，因渴思浆，遂于坐侧，见一泓水，掬饮甚美。及至来日观见，元是死尸之汁。当时心恶，吐之，豁然大悟。乃曰：“我闻佛言‘三界唯心，万法唯识’。故知美恶在我，实非水乎！”遂却返故园，广弘至教。①

如上所说，王阳明的叙述“向之求理于事物者误也”，洞山《悟道偈》所说“向前物物上求通，只为从前不识宗”，换言之，通过“见色”寻求“见心”的方法（色→心）是错误的。然而洞山见到影子发觉到真实存在，而觉悟了“万法本来空”的真实性；当元晓知道了喝的是髑髅里的积水就呕吐，而觉悟了“三界唯心，

① 《宗镜录》卷一一，《大正藏》第48册。

万法唯识”的真实性，却是通过知觉发现心性的结果。下例的灵云志懃（沩山灵祐的弟子）的开悟体验也是如此：

灵云和尚，嗣沩山，在福州。师讳志懃，福州人也。一造大沩，闻其示教，昼夜亡疲，如丧考妣，莫能为喻。遇睹春时花蕊繁花，忽然发悟，喜不自胜，乃作一偈曰：“三十年来寻剑客，几逢花发几抽枝。自从一见桃花后，直至如今更不疑。”因白沩山和尚说其悟旨。沩山云：“从缘悟达，永无退失。汝今既尔，善自护持。”①

灵云和尚偈说：“三十年来寻剑客，几逢花发几抽枝。自从一见桃花后，直至如今更不疑。”“寻剑”用的是“刻舟求剑”的比喻（《吕氏春秋·察今》），说他三十年徒劳寻觅没有丢失的宝剑（佛性）。“直至如今更不疑”，就是说相信我自心本来具有佛性。此外，就灵云个人的体验进一步具体地说，应该是这样：他曾经偶然亲眼见到了桃花盛开的场面，觉得仿佛非现世的美景，好像他有生以来第一次遇见了这样的壮观，茫然自失待在树下。忽然他从忘我中回到自身，沉思默想，才觉悟了此时的感动便是他长期寻求的“见色便见心”。

从此条灵云开悟的故事，我们得知，经过长期的苦恼和绝望，才有偶然的机会遇到突发开悟的体验。其契机是他见到盛开的桃花这一事件，但盛开的桃花是人们司空见惯，并不为奇，正如灵云自己说的，他也见惯了三十年。然而此次见桃花第一次成为他开悟的契机。由此而言，这无非是“见色便见心”的悟道经验。沩山听到灵云的汇报，认可他的开悟说：“从缘悟达，永无退失。”这正是证明“见色便见心”的悟道理论。

---

① 《祖堂集》卷一九“灵云和尚章”，禅文化研究所影印本，714 页；中华书局版下册，849 页。

与"见色明心"并举的"闻声悟道"著名的香严智闲(?—898)也是沩山灵祐的弟子:

> 香严和尚,嗣沩山,在邓州。师讳智闲。未睹实录,时云青州人。身方七尺,博闻利辩,才学无当,在沩山众中时,击论玄猷,时称禅匠。前后数数扣击,沩山问难,对答如流。沩山深知其浮学,未达根本,而未能制其词辩。后因一朝,沩山问曰:"汝从前所有学解,以眼耳于见闻,及经卷册子上记得来者,吾不问汝。汝初从父母胞胎中出,未识东西时本分事,汝试道一句来!吾要记汝。"师从兹无对,低头良久,更进数言,沩山皆不纳之,遂请为道。沩山云:"吾道不当。汝自道得是汝眼目。"师遂归堂中,遍检册子,亦无一言可对。遂一时烬之。有学人近前乞取。师云:"我一生来被他带累。汝更要之奚为?"并不与之,一时烬矣。师曰:"此生不学佛法也。余自生来,谓无有当。今日被沩山一扑净尽。且作一个长行粥饭僧过一生。"遂礼辞沩山,雨泪出门。因到香严山忠国师遗迹,栖心憩泊,并除草木散闷。因击掷瓦砾次,失笑,因而大悟。乃作偈曰:"一挃忘所知,更不自修持。处处无踪迹,声色外威仪!十方通达者,咸言上上机。"便罢归室,焚香具威仪,五体投地,遥礼沩山赞曰:"真善知识,具大慈悲,拔济迷品!当时若为我道却,则无今日事也!"①

在香严智闲开悟的故事中,沩山给他的课题是所谓的"父母未生以前的本分事"即"如何是本来的自己"这一问题。他此时领悟到无论贤愚,万人本具,人的最为本质、最为根本的本性,即佛性。他的《投机偈》所说的"处处无踪迹,声色外威仪",

① 《祖堂集》卷一九"香严和尚章",禅文化研究所影印本,700页;中华书局版下册,827页。

便是“本来人”的形象化。

这个故事在《景德传灯录》卷一一“邓州香严智闲禅师章”中谓：“一日因山中芟除草木，以瓦砾击竹作声，俄失笑间，廓然省悟。”就是说，他把瓦砾扔掉，听到击竹的声音就开悟了。这时候他大概在劳动后的一种精神高扬之中，听到了击竹的声音，就恍然大悟。此时的感动被表现为偈：“一挃忘所知，更不自修持。处处无踪迹，声色外威仪！”而这个“本来人”“本来的自己”是“无踪迹”，在“声色外”，即超越了现实闻声、见色的存在。然而此时认识到“本来的自己”，无非是“现实的自己”，两者的关系实为不即不离，这样认识才能称为“上上机”。

如此，香严个人体验中所发的“处处无踪迹，声色外威仪”两句，我们可以称作“感兴之语”，即只有开悟的人发出的“哦！原来如此！”这一感动之语才能成为宗教语言。所谓的“见色明心”“闻声悟道”便是其总结，而“自心现量”“万法本来空”“三界唯心，万法唯识”之类的宗教语言原来也是由人的感动而发出的“感兴之语”的总结。因此，如果我们缺乏这样的宗教体验，就会将它当作一种定理来对应现实，但现实却无法显现定理；如果要遵循“见色便见心”的悟道理论来演绎观看外界现象，反而会陷入苦恼和绝望的困境。

四

禅宗的历史中，将开悟的过程分为三段模式来表示的是北宋时期的青原惟信（生卒、生平均未详，黄龙祖心［1025—1100］的弟子）：

> 上堂曰：“老僧三十年前未参禅时，见山是山，见水是水。及至后来，亲见知识，有个入处，见山不是山，见水不是水。而今得个休歇处，依前见山只是山，见水只是水。

大众！这三般见解，是同是别？有人缁素得出，许汝亲见老僧。"[1]

这一段的表述继承了云门文偃(864—949)的上堂说法："诸和尚子！莫妄想！天是天，地是地；山是山，水是水；僧是僧，俗是俗。"[2]而云门又是针对其师雪峰义存的说法"尽大地是你"[3]"尽乾坤是一个眼"[4]而说的。就是说，云门对雪峰的"自我和世界为一体"的体会进一步发挥，正好符合青原惟信的"依前见山只是山，见水只是水"。人们以眼根作用观看世界，所见到的平凡无奇的世界，以某种感动的体验为契机，感觉到自己和世界紧密切实地一体化，世界就会呈现和以往全异的面貌。这就是"见色便见心""见色明心"(见到现象便知道世界的核心，即觉悟自己的本性)的道理。这种表现已见于黄檗希运(百丈怀海的弟子)《宛陵录》的"三千世界都来是汝个自己"、长沙景岑(南泉普愿的弟子)的"尽十方世界是沙门眼，尽十方世界是沙门全身，尽十方世界是自己光明，尽十方世界在自己光明里，尽十方世界无一人不是自己"[5]，也源于唐代王维的"山河天眼里，世界法身中"(《夏日过青龙寺谒操禅师》诗)、六朝僧肇法师的"天地与我同根，万物与我一体"(《涅槃无名论》)、先秦《庄子》的"天地与我并生而万物与我为一"(《齐物论》)的一系列神秘体验的谱系。[6]

还有一位北宋时期的禅僧圣寿法晏(生卒未详，法云善本[1035—1109]的弟子)也有同样的表述：

---

① 《嘉泰普灯录》卷六"吉州青原惟信禅师章"，《卍续选辑 史传部》第7册。
② 《云门广录》卷上，《大正藏》第47册。
③ 同上。
④ 《祖堂集》卷七"雪峰和尚章"。
⑤ 《景德传灯录》卷十"长沙章"。
⑥ 入矢义高《雪峯と玄沙》，收于《增補 自己と超越》，岩波书店，2012年。

> 上堂云："山头浪起，水底尘飞。结果空花，生儿石女。如今即不恁么：三年一闰，九月重阳；冬天日短，春天渐长；寒即向火，热即取凉。"良久云："且道，佛法在什么处？'不离当处常湛然，觅则知君不可见。'"[①]

圣寿法晏说到的"山头浪起，水底尘飞。结果空花，生儿石女"的非现实的现象等同于青原惟信的"见山不是山，见水不是水"。这个"山不是山，水不是水"究竟是怎样一个世界？这就是现实世界秩序崩溃的现象，即平时被认为坚固地存在的现实的轮廓竟会溶解，出现了脸上没有鼻目的世界。"山头浪起，水底尘飞。结果空花，生儿石女"将现实世界秩序的崩溃表现为颠倒现实的异常世界[②]。窥见这种反常世界，一般认为是神秘体验，中国本土文献中多见于道家、道教的记载。《列子·黄帝篇》谓：

> ……内外进矣。而后眼如耳，耳如鼻，鼻如口，无不同也。心凝形释，骨肉都融；不觉形之所倚、足之所履，随风东西，犹木叶干壳。竟不知风乘我邪，我乘风乎？[张湛注：夫眼耳鼻口，各有攸司。今神凝形废，无待于外，则视听不资眼耳，臭味不赖鼻口，故六脏七孔，四肢百节，块然尸居，同为一物，则形奚所倚？足奚所履？我之乘风，风之乘我，孰能辨也？][③]

列子说：宗教性神秘体验[④]发起时，会引起感官融合成一

---

① 《建中靖国续灯录》卷二五"苏州吴江圣寿法晏禅师章"，《卍续选辑 史传部》第 6 册。

② 开悟体验表现为这种秩序崩坏的形象的例子，见于日本禅僧南浦绍明（大应国师）回国时，南宋师友所赠的送别诗集成《一帆风》（陈捷《日本入宋僧南浦绍明与宋僧诗集〈一帆风〉》，《中国典籍与文化论丛》第 9 辑，北京大学出版社，2007 年）。

③ 杨伯峻《列子集释·黄帝篇》，中华书局，1996 年，47 页。

④ 对道家的神秘体验的分析见于马伯乐（Henri Maspero）撰，*Le Taoïsme*，1950 年。

片，因此自我与世界为一体，就能乘风飞行。钱锺书《管锥编》中把“六根互用”和佛典中的“五官通用”相结合起来列举其例：

> 释典惯言五官通用，如《楞严经》卷四：“由是六根互相为用。阿难，汝岂不知，今此会中，阿那律陀无目而见，跋难陀龙无耳而听，殑伽神女非鼻闻香，骄梵钵提异舌知味，爱若多神无身觉触？”又卷一〇：“销磨六门，合开成就；见闻通邻，互用清净。”《五灯会元》卷一二净因继成上堂：“鼻里音声，耳里香，眼中咸淡舌玄黄，意能觉触身分别，冰室如春九夏凉。”又卷一三洞山良价偈：“也大奇！也大奇！无情说法不思议，若将耳听终难会，眼处闻时方得知。”《罗湖野录》卷一载空室道人作死心禅师赞：“耳中见色，眼里闻声。”张伯端《禅宗歌颂诗曲杂言·性地颂》：“眼见不如耳见，口说争如鼻说？”①

如此看来，《列子》可能受到佛典的影响而作。“六根互用”“五官通用”也表现为“眼如眉”的变奏。正如兰溪道隆(1213—1278)评论灵云志懃的体验：

> 上堂。举：“灵云见桃花悟道。玄沙乃云：‘谛当甚谛当，敢保老兄未彻在！’”有个颂子，举似大众：“三月桃花烂熳时，灵云一见眼如眉。谁知岭外玄沙老，却向樽前舞柘枝！”②

兰溪道隆评论说：灵云悟道时，一见桃花眼如眉。即认可灵云不依据通常的眼识，树下茫然自失，其一瞬间就开悟了；对于玄沙师备(835—908)的批评，他不承认，说那只是醉酒汉的胡言乱语。玄沙师备怀疑灵云《悟道偈》的真实性加以批评，想

---

① 《管锥编》第2册“列子张湛注黄帝”，中华书局，1979年，483页。又钱锺书《通感》，《七缀集》，上海古籍出版社，1985年。

② 《大觉禅师语录》卷上《建长禅寺语录》，《大正藏》第80册。

来也不是没有道理。因为灵云《悟道偈》作得极其平凡，中间缺乏只有开悟的人才能发出的所谓“感兴之语”。

“山不是山，水不是水”“山头浪起，水底尘飞”“午夜日轮红”[①]等以“感兴之语”表现出来的反常世界，是一种神秘体验所致、瞬间见到的、反转过来的、不能持续的世界面貌，也不是人们能生活下去的世界（正如同佛教的“万法本来空”“三界唯心，万法唯识”）。可是对于见到这个现象的人来说，似乎坚固不动地存在、有着“正常”秩序的现实世界，他们认为其实本来没有如此存在的任何必要。这种认识给他们某种觉醒的、被解放的感觉。此时，现实的有秩序的世界“崩溃”了，生活在旧秩序的人“死灭”了；然后他们“回生”过来时，这种体验完全改变了他们的世界观，即相信世界确实以“万法本来空”“三界唯心，万法唯识”的原理构成。然而世界还是“依前见山只是山，见水只是水”。唐末五代的禅僧对一个人亲身经历的这种体验的回心过程，即“见色便见心”的悟道论进行了探究。

五

对以上内容，总结如下：中唐马祖以后，在唐末五代时期进入新兴禅宗的僧人，努力探究并实践马祖所提倡、后由沩山继承的“见色便见心”的悟道论，而开始他们错误地认为首先要“见色”，然后才能“见心”，结果总归于失败。因此他们怀疑“见色便见心”的悟道论，然后怀疑发展成了苦恼，最后对禅僧的修行生活感到绝望，经过长期的苦闷和彷徨之后，遇到偶然的机会就引起了一次感动的回心体验。当时发出“感兴之语”，沉思默想之后，就坚信以往熟悉的佛教学说的真实性，回过头来看，

① 《一帆风》第 32 首：“树头零落眼头空，路在千波万浪中。归到扶桑寻旧隐，依然午夜日轮红。”（鄮山契和）

才发现了这一过程便是“见色便见心”。

禅僧达到开悟的这一过程：发心——挫折——疑惑——彷徨——回心——感兴——确信，中间不可或缺的一环是“疑惑”，而这个“疑惑”相当于宋代禅宗所强调的“大疑”。

北宋的后山居士陈师道（1053—1102）的笔记里有一条唐宋禅宗的比较：

> 唐人根利，一闻千悟。故大梅才得马祖一言，入山坐庵。诸老之门，既悟，亦曰：“得坐披衣，向后自看。”不复学也。今人根钝，闻一知一。故雪窦以古人初悟之语，为学者入道之门，谓之因缘，退而体究，谓之看话，更无言下悟理之质矣。复取古法而次第之，以为悟后析理之门，谓之陶汰，天衣宗之。而圆通非之，改用临济教门，盖用古责今也，而其徒多不见谛，后悔，亦复故云。①

后山居士介绍了宋代禅宗的一些情况和他的唐宋比较论。禅学到了宋代有了巨大的变化，这可以称作禅学的唐宋变革，其原因陈后山则简单地归之于唐宋禅僧的机根优劣，大概出自文人独特的诙谐，我们可以另外考虑。这个问题从宏观角度来看，从唐代到宋代，中国社会由中世步入近世，发生了本质上的变动。从中唐马祖开始的新兴禅宗，起初作为唐代佛教的激进派出现，其教义的核心纲要“即心是佛”“作用即性”，给了当时的僧俗人士相当大的冲击，有些出家人通过与马祖的对话，立刻就开悟了。到了晚唐五代的动乱时期，各地藩镇的有力人物争先给予支持，私设戒坛，大量度僧，结果出现了禅宗大众化现象。在此背景下，对唐代禅学的主调“无事禅”思想的理解发生

---

① 陈师道《后山谈丛》卷三，《后山谈丛 萍州可谈》，上海古籍出版社，1989年，24页。这里提到的几个人分别是大梅法常（752—839）、雪窦重显（980—1052）、天衣义怀（嗣雪窦，993—1064）、圆通居讷（天衣的从弟，1010—1071）、临济义玄（？—866）。

了庸俗化的倾向，因此除了“见色便见心”的悟道论之外，针对大众化的修行者设法找到了禅宗特有的言教、棒喝并用的“机缘问答”的方法，这就是陈后山提到的马祖后嗣临济义玄的指导方法。到了宋代，努力探究达到开悟的新的悟道论，结果形成“看话”这一方法。我们可以说这也是宋人在禅宗大众化时代的一种合理思考的结果。

（本文为“两岸四地佛教文化国际学术研讨会”会议论文，2014年9月。）

中编

汉译佛经论考

地狱中的救赎

——论《金刚经》"灵验谭"的意义

《太平广记》卷一〇二至卷一三四的三十三卷中收录了"报应类"的种种因缘故事，前十四卷收集了佛教经典中的"报应谭"。其中，尤以《金刚般若经》类（有七卷一百零三篇，卷一〇二到一〇八）、《法华经》类（有一卷二十一篇、卷一〇九）和《观音经》类（有二卷五十篇，卷一〇〇、一〇一）为最多，而这些是六朝隋唐时期的民间所流行的经典。这些经典在《太平广记》中的排列顺序，符合从《太平广记》编撰的宋初回溯至隋唐的经典流行状况。历史上最早开始流行的是包含《观音经》在内的《法华经》，但到了隋唐时期，《金刚经》压倒了《法华经》。这样的排列顺序，也可在经典的以"报应谭"为主题的佛教说话集中得到印证。首先出现的是编集于六朝时期的陆杲《观世音应验记》，其次是初唐时期唐临编撰的《冥报记》三卷（以《法华经》"灵验谭"为主）。从唐朝开始，萧瑀《金刚般若经灵验记》十八条（615 年）、孟献忠《金刚般若经集验记》三卷（718 年成书）、中晚唐卢求《金刚经报应记》三卷以及段成式《金刚经鸠异》等，以《金刚经》冠名的"灵验记"陆续被编撰出来。[①] 这些我们都可以很容易从文献中获得印证。那么，《法华经》（主要为《观音经》）与《金刚经》的"灵验谭"有何不同，或者《法华经》与《金刚经》信

① 萧瑀《金刚般若经灵验记》的相关研究参见爱宕元《隋末唐初における蘭陵蕭氏の仏教受容—蕭瑀を中心として—》(1982)；孟献忠《金刚般若经集验记》的相关研究参见吴光爀《〈金刚般若经集验记〉研究》(1973)；卢求《金刚经报应记》的相关研究参见李剑国《唐五代志怪传奇叙录》(1993)；关于《金刚经鸠异》参见郑阿财《敦煌写卷〈持诵金刚经灵验功德记〉研究》(1995)等。

仰有何不同，这些问题都可以通过“灵验谭”得到答案，同时这也与大乘佛典的接受情况这一问题相关。

《观世音应验记》[①]中收录的故事的梗概很简单。故事的主人公在遇到不可躲避的危机时，念“观世音菩萨”(罗什之前的竺法护译《正法华经》中为“光世音菩萨”)之名便可得救，主人公将这一经历讲给别人最后被记录了下来。依据为《法华经·观世音菩萨普门品》中所写“若有无量百千万亿众生受诸苦恼，闻是观世音菩萨，一心称名。观世音菩萨即时观其音声，皆得解脱”这一佛的保证。经文中还列举了可免于大火、大水、罗刹、刀杖、枷锁、怨贼之难，离淫欲、嗔恚、愚痴，甚至于生“福德智慧之男”“端正有相之女”的种种无量功德。从《法华经》的整体来看，积累阴德的信仰生活可开启佛智见，余禄则带来如上奇迹。但是“灵验谭”中强调功德，即使没有信仰这一背景，只需念诵名字亦可得到救赎。其实也有以这些奇迹为契机，进而产生信仰并出家的意外结果，才是《法华经》中所说的“善巧方便”。

从发挥功德的“灵验谭”来看，《金刚经》的功效并不小于《法华经》。孟献忠《金刚般若经集验记》[②]有救护、延寿、灭罪、神力、功德、诚应六篇，共收录76则故事。与《法华经》“灵验谭”所不同的是，此书之中收录的“入冥谭”的数量很多。有关《金刚经》的“入冥谭”或“再生谭”主要描述了主人公死后被带入地狱的情景，主人公向阎罗王说明生前曾诵读《金刚经》，从而避免了地狱之苦。在返回阳界之后，主人公还向人们传达地

① 牧田谛亮《六朝古逸〈观世音应验记〉研究》(1970)；孙昌武《观世音应验记(三种)》(1994)；拙稿《傅亮〈光世音应验记〉译注》(1997)、《张演〈续光世音应验记〉译注(上)》(1999)。

② 《续藏经》第149册，这个底本是宝永六年(1709)的刊本，附有续藏校订者的校记，但还需要根据古典保存会影印本(1915、1918)、高山寺本、轮王寺本、七寺本(存二卷)、守屋本(存一卷)、高野山大学本等再加整理。

狱种种见闻。以下列举《金刚般若经集验记》中的一例予以说明：

扬州高邮县李丘一，万岁通天元年二月二十九日，卒得重病便亡，初死之时，有两人来追，云我姓段，不道名字，直言王追，不许暂住。于时同被追者，五百余人，男皆着枷，女皆反缚。并驱向前，行可数里。有一人乘白马朱衣，手执弓箭，高声唱言："丘一难追，何不与枷着?"丘一即咨段使："祖父五品，身又任官，不合着枷。"所言未毕，忽然遍身咸被锁之，莫知其由。更行十余里，见大槐数十树，一一树下有一马槽。即问段使："此是何处?"报言："五道大神，录人间状，于此歇马。"丘一闻此，方始知死。被劝前行，遂到王门。见一人抱案，容色忿遽，语段使曰："王遣追人，何意迟晚?"段使更不敢语，即将丘一分何案主，语丘一言："此人姓焦名策，是公本案主，可随见王。"

焦策即领见王，王见丘一来，嗔责云："李释言聚会亲族，杀他生命，以为欢乐，不知惭愧。"所称释言，乃是丘一小字。须臾即见所杀畜生，咸作人语："某乙等今追怨家来到，大王若为处分?"焦策即前咨王："李释言今未合死，缘所被杀者，欲急配生处，所以追对。"王自问曰："你平生已来，作何福业？诵持《最胜第一经》以否?"丘一忆生时不作功德，唯放鹰犬。忽忆往造一卷《金刚般若经》。王闻《金刚般若经》，即起合掌，唤"释言上阶。冥中唤《般若经》名《最胜第一功德经》"。语畜生云："你且向后。"唤焦策来，可领向经藏处看验。其王厅侧，有一处所，看无边畔，中有一殿，七宝庄严。令丘一上殿，于藏中抽取一卷经，开看，乃是丘一所写之经。更检得《请僧疏》一张，是丘一写书处。问焦策云："生平亦数造功德，何因唯见两处?""公当官非法取钱，欺抑贫弱，此是不净之物，所修功德，自演本主，不忤公事。"领回见王，王问："所写经是实不？可唤畜生来，善言辞谢，但许为造经，此终不留。"少间，所杀畜生，一时同到见王。王遣丘一为造《般若经》。言讫，其畜生并散去。王言："此功德无尽。"语焦策可即放还，更莫留住。

送出城门之外，再三把丘一手："焦策尽力相为只得。"丘一许与策钱三百贯。"家中唯有尔许，有时实不敢惜。"策报丘一言："纵与万贯，终是无益。乞公为策造《般若经》二十部。"丘一便即许诺。又云："策虽冥吏，极受辛苦，若无福助，难以托生，公努力相为写经，幸莫滞策生路。"

遂更前行，策指示一处，下看深而且黑，拒不肯入。策推之落黑坑中，惊怕眼开，乃在棺内。困而久不能语，闻男女哭声，细细声报云："莫哭！我今得活。"丘一妇弟独孤愔，为润州参军事，知三月四日欲殡，所以故来看殡。虽闻语声，不许开棺而视，云是起尸之鬼，亦不须近。男女不用舅语，遂即开棺。丘一微得动身出棺，三日具说冥事。至三月八日，家中大小咸舍衣物，及所有料钱，请僧转《金刚般若经》，为一切怨对造一百卷，为焦策写二十卷。未了，至一夜，有人打门，报云是焦策。丘一即令报云："正写欲了，必不孤负，何忍更来？"策云："请报李丞，亦无别事，蒙公为策造经，已放托生，故来告别。"扬州长吏李怀远，知丘一再活，唤问冥事，具录奏闻。奉恩敕加阶赐五品，遣于嘉州道招尉乘驿。从梓州过，时热，就姚待亭子取凉，亲为待说，并留手书一本。（卷下《功德篇》第十二则）

这则故事之所以记述如此详尽，如末尾记载是因为李丘一自己留下"手书一本"。得到"手书"的姚待为梓州郪县人，是《功德篇》第十则"再生谭"中的人物。当时为梓州司马的孟献忠从其处直接得到了那本"手书"。李怀远在之后被封赵郡公，晚年则在东都留守。《旧唐书》卷九十收录其人传记，记载了他曾任扬州大都督府长史，此经历也与上述故事相符。

李丘一的“灵验谭”中，阎罗王称《金刚经》为“冥中唤《般若经》名《最胜第一功德经》”，《功德篇》中的“赵文昌”说话（萧瑀《金刚般若经灵验记》）中亦将《金刚经》称为“《功德最为第一（经）》”，也就是说此经为地狱中功德最高之经。堕入地狱的亡者只要告知生前或诵读或书写《金刚经》，阎罗王便对其大加赞赏。这样的描述在《金刚经》“灵验谭”中屡见不鲜，比如：“王言：‘善哉善哉！此是最大第一功德。’”（《功德篇》引萧瑀《灵验记》“赵文若”）又如：“王闻此语，合掌恭敬，赞云：‘善哉善哉！受持《金刚般若》，功德甚大，不可思议！’”（同篇“赵文昌”）“王闻此言，合掌恭敬，叹言：‘功德甚深。’”（《延寿篇》中引萧瑀《灵验记》“僧法藏”）“（太山府君）谓嘉会曰：‘人之为恶，若不为人诛，死后必为鬼得而治，无有徼幸而免者也。若日持《金刚经》一遍，即万罪皆灭，鬼官不能拘矣。’”（《太平广记》卷一〇二引《报应记》“沈嘉会”）“大夫谓曰：‘弟之念诵，功德甚多，良由《金刚经》是圣教之骨髓，乃深不可思议功德者也。’”（同书卷一〇四引《广异记》“卢氏”）等等。同时，还有被称为“入冥和尚”的“宁师”，他于昭宗继位之年（888）死后三日再生。他在冥界中曾被判官要求“但多转念功德经”，当时宁师问曰：“孰是功德经？”判官曰：“《金刚般若》是欤！此经冥间济拔功力无比。”（《宋高僧传》卷二一）还有汉州什邡县百姓王翰曾在冥间遇到兄长，并为了逃脱死籍而被要求抄写经典：“翰欲为设斋及写《法华经》《金光明经》。皆曰‘不可’。乃请曰：‘持《金刚经》日七遍与之。’其兄喜曰：‘足矣。’”（《金刚经鸠异》“王翰”）

这里可看出说话作者的“教相判释”意识，但究竟为何是“《金刚经》功德第一”？说话中没有明确揭示。对此泽田瑞穗有如下的解释：

> 所谓诵经的功德，并不是信仰或宗教等高尚的东西，与唱读咒文相同，简而言之，就是一种希望以咒术驱灾避难的原始且功利的方法。一部经典无论多么伟大，当它进入到冥界因缘故事中，也都会被还原为其发展成为教理之前的咒语形态。①

这些在“灵验谭”中出现的经典，有《法华经》《金刚经》《金光明经》，等等。说话这一体裁，有着在记述、转载、编辑的过程中受到之前诸种说话影响，进而有类型化的倾向，所以就这些说话而言，即使故事中的经典被替换，其内容也会让人有相似之感。《观世音应验记》或《金刚般若经灵验记》中这样来源于主人公奇迹般的体验的种种记录，虽有千篇一律之感，但是逐类分析的话，也会发现不同时代人们的意识形态是有差异的。地狱中阎罗王冀望诵读《金刚经》，并不是说话所随意设置的情节。“入冥谭”中说“《金刚经》功德第一”，但并没有表明理由。笔者欲以《金刚经鸠异》唯一一则引用《金刚经》经文的说话为线索，对这一问题作一番考述：

> 大历中，太原偷马贼诬一王孝廉同情，拷掠旬日，苦极强首，推吏疑其冤，未即具狱。其人惟念《金刚经》，其声哀切，昼夜不息。忽一日，有竹两节坠狱中，转至于前。他囚争取之，狱卒意藏刃，破视，内有字两行云：“法尚应舍，何况非法！”书迹甚工。贼首悲悔，具承以匿嫌诬之。②

此则说话中，末尾略有唐突之感。坠入狱中的竹筒中所写的二句经文可谓是《金刚经》的主旨。而理解了这两句经文内涵的盗贼恐怕原本并非《金刚经》的信奉者，但是由于同在狱房

---

① 泽田瑞穗《修订版地狱变——中国的冥界说》，平河出版社，1991年，91页。

② 段成式《酉阳杂俎·续集》卷七《金刚经鸠异》，方南生点校，中华书局，1981年。

的王孝廉诉冤般日夜不断一心诵读此经，听到念经声音的盗贼，最初都会感到厌烦，但后来逐渐明白其中含义，所以当他看到了这两句彰显《金刚经》精髓的经文之后，才痛感自己的罪过，便主动自首。《金刚经》中，须菩提问如来："云何应住，云何降伏其心?"如来以"筏喻"答后总结说此二句经文。"凡所有相，皆是虚妄"，因此修行者必须抛弃对诸法具有实体的执着。更进一步，这种抛弃执着的执着也应抛弃。"是故不应取法，不应取非法。以是义故，如来常说：汝等比丘，知我说法，如筏喻者；法尚应舍，何况非法！"盗贼意识到对王孝廉的怨恨即是虚妄，应脱离这种执着。

《金刚经》"入冥谭"中"功德第一"的含义，便是可以看破实体化地狱的智慧。地狱正是最大的虚妄。在那些主人公得到阎罗王称赞且被允许复活的"再生谭"中，亦描写有依《金刚经》打破地狱这一虚妄的情节，那么阎罗王合掌称《金刚经》为冥间功德第一是不是他的自我否定？镬汤炉炭、刀山剑树、铜柱铁床等刑场，行相艰险，罪业纠结，没有赦免罪人的阎罗王仅仅是一听《金刚经》便站立起，合掌恭敬宣言"《金刚经》功德最胜第一"这一意外的转折，其中虽有不合理之处，却表明了这个时期阎罗王已经成为佛教的守护神，而他所冀望的罪人念持《金刚经》则是地狱的崩坏现象的开始。

> 江陵开元寺般若院僧法正，日持《金刚经》三七遍。长庆初，得病卒。至冥司，见若王者，问师生平作何功德。答曰："常念金刚经。"乃揖上殿，登绣座，念经七遍。侍卫悉合掌，阶下考掠论对，皆停息而听。(《金刚经鸠异》，又《宋高僧传》卷二五《唐江州开元寺法正传》略同)

> 释灵幽，在京大兴善寺出家。长庆二年暴亡，已经七日，体质微暖，而未殡之。自见二使，引见阎摩天子。敕问

幽:"在世习何行业?"幽对曰:"贫僧一生常持《金刚般若经》。"天子合掌,赐座命幽朗诵一遍。地狱煎熬捶楚之苦,一时停息。(《金刚经感应传》,《续藏经》第149册;《永乐大典》卷七五四三《金刚经感应事迹》)

……伯母曰:"汝素持《金刚经》,试为我诵,或当减罪。"弁因持经,磨遂不转,受罪者小息。牛头卒持叉来弁所,怒曰:"何物郎君,来此诵经,度人作事!"(《太平广记》卷三八二"卢弁"引《广异记》)

这里描写了地狱的各种机能暂时停止、一部分崩坏的景象。前述李丘一的"灵验谭"中地狱里竟建有经藏,并收藏着丘一的写经。同章"张文昌说话""袁志通说话"(《金刚经集验记》)亦有相同记载,《广清凉传·释五台诸寺方所》的生地狱中也记载了层阁壮丽的经藏中收录了尘埃堆积的大藏经。西晋帛法祖为阎罗王讲《首楞严经》(《出三藏记集》卷一五、《辩正论》卷六注引《幽明录》)。李洽在西京大安国寺阎罗王所开设的狱廷中,因为有抄写《金光明经》的功德得以延命(《太平广记》卷一一五引《广异记》)。《冥祥记》第一二四则"王四娘"、《冥报记》卷下"王琦""张法义"曾在地狱中得僧人的辩护被救。"赵泰说话"中亦写到,冥界中有"开光大舍",被称为世尊的神人作为"度人之师"为堕入恶道的众生讲经,一举解救了百万九千人(《法苑珠林》卷七引《冥祥记》、《太平广记》卷一〇九引《幽明录》)。与"赵泰说话"相同的"舒礼"(《太平广记》卷二八三引《幽明录》)、"康阿得"(《辩正论》卷八引《幽明录》)说话中,"福舍"存在于冥界之中。佛弟子即虔信佛教的人中"福多者上生天,福少者住此舍"("康阿得"),又称为"道人舍"("舒礼"),或者说家人为死者作功德则可离开地狱住在此地("赵泰")。这个"福舍",后汉支曜译《成具光明定意经》中讲,佛灭度之后出现了诽谤经法之人，当时诸贵姓的善明言“当尔之时，我便当化现佛身，更为说绝妙之法，现其生死殃福之应，将诣天上令观福舍，牵到泥梨使视罪报”（《大正藏》第 15 册）。牟融《理惑论》中亦说“有道虽死，神归福堂，为恶既死，神当其殃”（《弘明集》卷一）。可见，原本为地狱的对立面的天上，在这些说话中却变成了与冥界相邻可到达的地方。地狱中放置经藏举办讲经活动，紧邻“福舍”，寺庙的领域中开设狱廷，还有世尊或僧人前去救赎等的描写，可能会显得自相矛盾，其实这正是说话中地狱有着惩罚功能及救济功能的两重构造的表现，即劝善惩恶。“福舍”（天堂）、地狱的这一劝善惩恶的构想使人们陷入了“益惧奉法”（《冥祥记》第八六则“马虔伯”）的状态。佛教造成的地狱作为巨大的暴力装置而存在。佛教传入中国以来，相对于智慧与解脱的思想，因果报应的观念在民间渗透渐深，地狱与泰山冥府的信仰结合成为人们所畏惧的信仰。同时中国人对本只有惩罚功能的地狱亦赋予了解脱及救赎这一新功能。

这正体现在“再生谭”中。主人公从地狱回到人间，死而复生，一度反转六道轮回。这是因果报应、劝善惩恶成为世俗伦理的补充。《金刚经》“灵验谭”中所描写的地狱崩坏的意义为，揭示地狱、天堂、六道轮回的虚妄正是超越世俗伦理的真正的救赎。这一点在永明延寿（904—975）的《宗镜录》（961 年成书）中得到了更直接的阐释：

> 《纂灵记》云：有京兆人，姓王，失其名。本无戒行，曾不修善。因患致死，被二人引至地狱。地狱门前见一僧，云是地藏菩萨，乃教诵偈云：“若人欲了知，三世一切佛。应观法界性，一切唯心造。”菩萨授经已，谓之曰：“诵得此偈，能破地狱苦。”其人诵已，遂入见王。王问此人：“有何功德？”答云：“唯受持一四句偈。”具如上说。王遂放免。当诵此偈时，声所至处，受苦之人，皆得解脱。后三日方

> 稣，忆持此偈，向诸道俗说之。参验偈文，方知是《华严经》夜摩天宫无量菩萨云集所说，即觉林菩萨偈。意明地狱心造，了心造，佛、地狱自空耳。故知若观此心，言下离苦。不唯破地狱界，乃至十法界一时破。以入真空一际法故，则平等真法界，无佛无众生。（卷九，《大正藏》第48册）

这里所引用的《纂灵记》中"王氏说话"出自《华严经传记》，依据《华严经传记》此事发生在文明元年（684），此说话巧妙结合了"灵验谭"的诸要素，所以被永明延寿当作论辩材料使用。"地狱心造"即地狱只不过是妄想的这一观点，对崇尚眼见为实的现代人来说是常识，但是当时的佛教徒的这一观点则是来源于外界所见之物尽是心造这一思想，即"唯识说"。成体系的唯识思想是由玄奘传入的，但是在其之前传入的较朴素的思想中就屡见地狱作为妄想的例子。例如被认为是达摩所作的《二入四行论》[①]：

> 比如有人以自手画作龙虎，自见之还自恐怕。惑人亦如是。心识笔子画作刀山剑树，还以心识畏之。若能无畏，妄想悉除。

这是在说因为"心是道体"，所以自己的心本来就是空寂，且知道这一真理就是修道。这是从实践的角度来解释妄想的本质。之后又反复说：

> 或以自心分别画作虎狼狮子、毒龙饿鬼、五道将军、阎罗王、牛头阿婆，以自心分别属之，即受诸苦恼。但知心所分别者，皆是色。若悟心从本已来空寂，知心非色，心即不属。色非是色，自心化作。但知不实，即得解脱。

自己心起分别，害怕堕入地狱，这是因为"已作罪"这一观

---

① 以下的引文均引自柳田圣山译注《达摩语录》，《禅的语录》系列，筑摩书房，1969年。

念。《二入四行论》又说：

> 痴人亦言："我作罪。"智者言："汝罪何似物者?"此皆是缘生无自性。生时既知无我，谁作谁受?
>
> 经云："罪性非内非外，非两中间者。"此明罪无处所。无处所者，即是寂灭处。人堕地狱者，由心计我，忆想分别，谓："我作恶我受，我作善亦我受。"此是恶业。从本已来无。横忆想分别，谓为是有。此是恶业。

人们的恶事因相应的原因和条件而生，虽然也会连锁产生其他的影响，但将这些看作罪的是观念，只要人们觉悟灵魂实体（自我）是不存在的，便知存在亦无所依，只不过是妄想而已。这才是从地狱中解脱的智慧及方法。

> 譬如有人犯死罪，必合斩首。值王放赦，即无死忧。众生亦如是。造作十恶五逆，必堕地狱。法王放大寂灭赦，即免一切罪。若人与王善友，因行在他处，杀他男女，为他所执，便欲报怨，是人忙怕无赖。忽见大王，即得解脱。若人破戒犯罪，犯淫犯盗，畏堕地狱，自见己之法王，即得解脱。

这里的"法王放大寂灭赦"是觉悟理法而寂灭识心（消灭分别心）的比喻，与前面有着相同的主旨，但这个叙述正好可以作为"入冥谭"解释的例子。关于"法王"，据敦煌本疑伪经《佛说法王经》所言"我说此法，于诸法中，最为第一，于诸乘中，最为大乘王。是故此经名为《法王》"（《大正藏》第85册，1390a），可知为功德第一的教理之意。也就是说，《法王经》里的这种对《法王经》的标榜，相当于《金刚经》"灵验谭"中极力宣传《金刚经》。《二入四行论》中并没有特别宣扬《金刚经》，但是因为多认为此书为唐初7世纪左右假托达摩所作，与《金刚经》流行的时期，也就是编纂"灵验谭"开始的时期相一致。

吉川忠夫先生的《中国人的宗教意识》[①]引述诸多资料来发现中世纪的中国人有着深刻的罪意识。大量的《金刚经》"灵验谭"也是那个时代产生的，早期禅宗的人们对于罪的认识，也是这一现象的反映。罪只是妄想这一认识，只有将其放置于这样的"有着深刻罪的意识"的时代背景之中，才能理解它的重要性。

（李薇译）

（本文原刊于《兴膳教授退官记念中国文学论集》，汲古书院，2000 年。）

① 《中国人的宗教意识》，创文社，《中国学艺丛书》，1998 年。

以敦煌写经校订《大正藏》刍议

一、绪言

阅读佛经，我们通常利用《大正新修大藏经》，因为它是铅印册子本，又有断句（尽管错误满纸），版面下边出校记，用来极为方便。它主要的底本是《高丽藏》，即 20 世纪 20 年代编纂的当时被认为最具权威的一部藏经。近年由于以《大正藏》作底本的电子本迅速普及，它得到了国际标准性的巩固地位。研读佛经的人也从限于佛学领域扩大到语言文学研究范围了。尤其是近年来中古汉语研究开始注意到汉魏晋南北朝时期大量出现的汉译佛经作为语料的重要性。依靠汉译佛经来进行汉语史研究，已经成为一股新潮流。

但最近由于各种大藏经、古写经影印本的公布和对大藏经研究的深化，有些学者怀疑《高丽藏》《大正藏》的权威性，进一步主张《大正藏》需要再加校订，或者重新编定新的大藏经。[①] 藤枝晃先生在上世纪 90 年代初就表明："《大正藏》的时代已经结束了。面临 21 世纪的到来，现在是我们应当思考该如何编定新的大藏经的时候了。"他自己也作了一次尝试：把房山石经（契丹版大藏经）、《赵城金藏》广胜寺本和《高丽藏》《大正藏》作了部分比较。而他的结论是：目前可行的办法是像百衲本二十四史那样，为每一部佛经搜集最好的版本来作一部百衲本大藏经。他还指出近年陆续公布的敦煌写经对研究佛经版本学提

---

① 对《大正藏》的全面评价，参阅方广锠《〈大正新修大藏经〉评述》，载《闻思——金陵刻经处 130 周年纪念专辑》，华文出版社，1997 年。

供了方便。[1]

1994年完成编辑的《中华大藏经》，主要以《赵城金藏》为基础影印，对其中残破不清的部分有修补，并选用8种藏经版本（包括房山石经）作校本进行校勘，每卷后出校记。这是目前规模最大、校勘精良的一部新的大藏经。但令人遗憾的是它的校勘没能利用敦煌写经、日本古写经等资料。这是由于当时资料环境的局限，本无可厚非。《中华藏》的编辑工作开始的20世纪80年代，敦煌遗书公布得还很少，至于日本古写经，连它的存在都没有消息。现在大部分敦煌写经、全部房山石经已经公布，日本古写经的精华正仓院《圣语藏》中的隋唐写经和天平十二年（740）书写的光明皇后发愿经共一千卷也已出版，七寺、金刚寺一切经也几乎都能看得到了。落合俊典先生在日本集中精力对古寺所藏一切经进行考察，形成了“日本奈良（710—794）、平安（794—1192）时代的写本一切经保留了唐代早期大藏经的古老形态，足为珍贵”的认识。[2]

日本留下来的古写经（写本一切经）在校勘上有什么价值？它和敦煌写经有什么关系？古写经和刊本大藏经有什么不同？为解决这些问题，我们挑选两部不同性质的佛经来进行比勘。一部是譬喻经典《法句譬喻经》（日本最近出版了详细的译注本），另外一部是大乘经典《维摩诘所说经》。通过对这两部佛经的校勘工作，我们可以初步探讨校订《大正藏》的可行性。

---

① 《新たな大藏経編纂の時代》，载《朝日新闻》1990年7月7日采访记事（关西地区版）。

② 落合俊典《日本古写経の資料価値》，2005年9月6日发表于台湾中华佛学研究所。

二、校订《大正藏》的尝试之一——以譬喻经典《法句譬喻经》为例

1. 经录、僧传的记载

(1)《楼炭经》六卷,《大方等如来藏经》一卷,《法句本末经》四卷(一名《法句喻经》或云六卷,或云《法句譬经》),《福田经》一卷。右四部,凡十二卷。晋惠、怀帝时(290—311)沙门法炬译出。其《法句喻》《福田》二经,炬与沙门法立共译出。(《出三藏记集》卷二《新集撰出经律论录》)

(2)昙钵偈者,众经之要义。昙之言法,钵者句也。是佛见事而作,非一时言,各有本末,布在众经。(同书卷七《法句经序》第十三)

(3)惠、怀之际,有沙门法炬者,不知何许人。炬与沙门法立共出《法句喻》及《福田》二经。法立又访得胡本,别译出百余首,未及缮写,会病而卒。寻值永嘉扰乱,湮灭不存。(同书卷一三《竺法护传》)

(4)以吴黄武三年(224),与同伴竺律炎来至武昌,赍《昙钵经》梵本。《昙钵》者,即《法句经》也。时吴士共请出经,(维祇)难既未善国语,乃共其伴律炎译为汉文。炎亦未善汉言,颇有不尽,志存义本,辞近朴质。至晋惠(290—306)之末,有沙门法立,更译五卷。沙门法巨着笔,其辞小华也。(《高僧传》卷一《维祇难传》)

2. 译注、研究书

(1)水野弘元《法句経の研究》,春秋社,1981年

(2)引田弘道校注《法句経》(《新国译大藏经》本缘部4),大藏出版,2000年

(3)田边和子校注《法句譬喻经》(《新国译大藏经》本缘部

5)，大藏出版，2000 年

(4) 神塚淑子、菅野博史、末木文美士、松村巧、榎本文雄、引田弘道译注《真理の偈と物語——〈法句譬喻経〉現代語訳》上下，大藏出版，2001 年

3.《法句譬喻经》的写本、刊本

A、吐鲁番，敦煌写本

(1) 书道博物馆藏吐鲁番本

残卷。题为"譬喻经第几　出○○品"，存《道行品》后半～《广演品》(1)(2)，《地狱品》(七纸)。隶书体。卷尾题记"甘露元年三月十七日于酒泉城内斋丛中写讫"。著录：中村不折《禹域出土墨宝书法源流考》魏高贵乡公甘露元年(256)，常盘大定《後漢より宋斉に至る訳経綜録》前秦甘露元年(359)，王素《吐鲁番出土高昌文献编年》麴氏高昌甘露元年(526)。图版：《台东区立书道博物馆所藏中村不折旧藏禹域墨书集成》。

(2) 北京中国国家图书馆藏敦煌本(共 4 号)

B. 8637《爱欲品》[32](2)、《梵志品》[35]、《道利品》[38](1)

B. 8638《安宁品》[23](2)、《好喜品》[24]、《忿怒品》[25]、《道行品》[28]

B. 8639《华香品》[12](3)(2)残

B. 8727《双要品》[9](3)、《放逸品》[10]、《华香品》[12](1)(2)、《恶行品》[17](1)、《安宁品》[23](1)

以上 4 号均缺题。文中有武周新字(则天文字，18 字中 7 字使用)，"渊""民"二字缺笔，为唐写本。

(3) 伦敦英国图书馆藏敦煌本(共 2 号)

S. 1638《多闻品》[3](1)

一纸。卷尾有别笔所题"释家劝化愚顽经"七字。有武周

新字。

S. 1731《明哲品》[14](1)

一纸。卷尾有别笔(与 S.1638 同笔)所题"梵志喜学多术说"七字。有武周新字。"渊"字缺笔。

(4) 巴黎法国国立图书馆藏敦煌本

P. 3086《罗汉品》[15]

一纸。缺题。有武周新字。"民"字缺笔。

(5) 北京大学图书馆藏敦煌本(共 2 号)

D. 091 无常品[1](2)抄,(4)抄,(6)

一纸。卷首题"法句譬喻经多说死之因由第一"。叙录谓为五代写本。

D. 208《广衍品》[29](1)

一纸。缺题。有武周新字,"民"字缺笔,为唐写本。

(6) 柏林德国国立图书馆藏吐鲁番本

Ch / U8101《安宁品》[23](1)

9 行残片。背面有回鹘文字。木头沟出土,第一次调查队收集品(西胁常记《ドイツ将来のトルファン漢语文書》,91 页)。

B、日本奈良平安朝写经

(1) 宫内厅正仓院事务所藏《圣语藏》本

卷子本。四卷。各卷首小残。各卷尾有光明皇后天平十二年(740)五月一日题记。行间有朱笔校订。(丸善《圣语藏经卷》第二期,天平十二年御愿经)

(2) 七寺藏一切经本

经折装。四卷(补修)。卷一卷首残。经题、品题:卷一、二、四有"法句喻经卷第几""法句经喻○○品",卷三有"法句譬喻经卷第三""法句譬喻经○○品"。

卷一《教学品》[2](3)~《华香品》[12](1)

卷二《华香品》[12](2)～《刀杖品》[18](2)

卷三《恶行品》[17]～《广演品》[29][2]

卷四《爱欲品》[32](2)～《道利品》[38](3)

分卷的特征：卷一、二、四与《高丽藏》一致，唯卷三与《圣语藏》、金刚寺本一致。因而，《恶行品》[17]、《刀杖品》[18]重复，而缺《地狱品》[30]、《象喻品》[31]、《爱欲品》[32](1)。由卷一中缺《无常品》[1](1)～(6)、《教学品》[2](1)(2)，(3)中缺字的状况而推，抄写所据的底本，唯有卷三的来源为古写经，其余三卷所据则是其他系统的传本(宋代刊本残卷?)。文字唯有卷三与《圣语藏》大致吻合，其余三卷文字，与《圣语藏》《高丽藏》及宋元明藏有所出入，且误写极多。为12世纪写本。

(3) 金刚寺藏一切经本

卷子本。存三卷(卷四缺)：卷一(首尾完)、卷二(《双要品》[9]、《放逸品》[10]、《心意品》[11]缺，《华香品》[12](1)首残)、卷三(《恶行品》[17]卷首小残)。分卷、文字都与《圣语藏》一致(不立《护戒品》[2])。误写较多。为13世纪写本。

C、刊本大藏经

(1)《金藏》广胜寺本

卷子本。存卷一、卷四。分卷除卷一不立《护戒品》以外，均与《高丽藏》一致，文字也大致吻合。金天眷三年(1139)至大定十年(1173)间刊刻(《中华大藏经》本，据《金藏》广胜寺本影印、修改)。

(2)《碛砂藏》本

经折装。四卷。南宋、元、明刊刻。《宋碛砂大藏经》影印本所收。

(3)《 高丽藏》本

卷子本。四卷。乙巳岁(1245)雕造(再雕本)。《影印高丽大藏经》所收。

（4）《大正藏》本

四卷。以《高丽藏》本为底本，附有依据《圣语藏》本、宋元明藏本的校记。

D、类书、音义

（1）《经律异相》所引 30 条。梁天监十五年（516）宝唱编。据五卷本。

（2）《诸经要集》所引 12 条。唐显庆年间（656—661）道世编。

（3）《法苑珠林》所引 18 条。唐总章元年（668）道世编。

（4）慧琳《一切经音义》卷七六《法句譬喻经》音义（32 语）。所据本与《圣语藏》本、金刚寺本等写本系统的分卷、文字相一致。误字多有订正。慧琳（737—820），长安西明寺僧，俗姓裴氏，疏勒人。师事不空三藏。据景审序，为建中末年（783）至元和二年（807）间的撰述。

现存诸本均为四卷本（唯有《经律异相》中的引文所据为五卷本，此本不传）。分卷上，古写经（《圣语藏》本、金刚寺本）与刊本大藏经有所不同。即使在刊本中，《高丽藏》本、《金藏》广胜寺本的分卷，与《碛砂藏》本也有出入，而宋元明藏本与《碛砂藏》本亦略有差异。敦煌本皆为缺题的抄出本。分章特征有三：① 唯《高丽藏》本单立《护戒品》第二（七寺本同，但是文字与《高丽藏》本不甚一致，而与其他三本多处吻合），其余诸本将这段内容放在《教学品》第二第 4 话中；②《高丽藏》本《地狱品》第 2 话在其余诸本中出现在《广演（衍）品》第 2 话中；③《碛砂藏》本《述佛品》第 2 话不见于其他各本，《大正藏本》将其补置于卷三末。其中所引佛偈见于《法句经·述佛品》，另载七梵志偈，在《法句经》中则无此例，大概属于后世的增补。

4. 诸本的系统

最早写本为书道博物馆藏吐鲁番本（残卷），存《道行品》第

二十八、《广演品》第二十九、《地狱品》第三十。今就此三品，以《圣语藏》本、七寺本、金刚寺本、北京本等诸写本与《高丽藏》本校勘为例，尝试梳理诸本的系统。

《金藏》广胜寺本中，收入上述三品的第三卷业已失传，因此《中华大藏经》采用《高丽藏》本代替此卷并出校勘记。校本则采用《碛砂藏》本等刊本大藏经，相当于《大正藏》校记中的宋元明藏经。《道行品》另以《经律异相》卷四十、《法苑珠林》卷五二之引文，《地狱品》以《经律异相》卷三九之引文作为对校的校本。此外，唐初成立的道教经典《本际经》卷七《譬喻品》中有一部分，是在《广演品》第 2 话的基础上，经过道教式的润色而创作出来的内容（神塚淑子《六朝時代における〈法句譬喻経〉》，《真理の偈と物語》下册）。其中部分相应之处，虽属间接性引用，仍可视为唐初的引文。《慧琳音义》从《道行品》与《地狱品》中各引一语并附音义，由此可知，其为 8 世纪末长安所见之传本。

（1）写本系统与刊本系统形成鲜明对比。

日本古写经《圣语藏》本、七寺本（卷三）、金刚寺本（缺卷四）属于同一系统。《圣语藏》本以入唐僧玄昉于天平七年（735）自唐持归的大藏经（据《开元录》入藏的五千余卷）为底本，于奈良朝的写经所书写而成，是光明皇后发愿的所谓“天平十二年五月一日经”之一。书品秀丽，文字大致正确。平安时代于民间发愿书写而成的七寺本（12 世纪）、金刚寺本（13 世纪）的底本即属于《圣语藏》系统（七寺本仅存卷三）。唯误写较多，其中尤以七寺本为甚。但是，依此两本可以弥补《圣语藏》本的残缺，在证明早期分卷与文字方面显得弥足珍贵。敦煌写经之北京本、斯坦因本、伯希和本中，各条譬喻分别书写，这一形态虽与日本传本有异，由其中的武周新字和缺笔字可知为唐写本，文字亦与日本古写经大多一致。《圣语藏》本中有以朱笔旁书的校订(据推测,属镰仓时代),校订前的误字与敦煌本一致。若将上述日本古写经与敦煌写经视为写本系统,显然与刊本形成鲜明对比。在《中华大藏经》校记中,《高丽藏》本和《碛砂藏》本等刊本之差异尤为明显。可是,若将刊本与校勘时未曾采用的写本系统互相比较,相对于刊本之间的差异,写本系统和刊本系统之间的差异则更大。

(2) 梁代《经律异相》、唐初《诸经要集》《法苑珠林》中的引文虽早于《圣语藏》本,但文字多与写本系统一致。仅作为类书,其中多有节引、取意和时而改写之处,因此,严格意义上不能视为对校资料。

(3) 慧琳《一切经音义》(卷七六)着眼于辨别证明其所据本的讹误,然其所据文字与写本系统一致。从揭示语汇的配置来看,其所据本属于写本系统的分卷。

(4) 书道博物馆藏吐鲁番写本中,有《道行品》《广演品》《地狱品》三品(五卷本中属于卷四)。《广演品》中配以两话内容与写本系统相同(其中第 2 话在《高丽藏》中被置于《地狱品》的第 2 话,偈颂则是《法句经 · 广衍品》中的第 11 偈),除去一些脱误和独特的通用字之外,该吐鲁番写本接近于写本系统。但由于其中含有一些与后世诸本相异的文字,且相对孤立,藤枝晃视此本为赝品(薄小莹《敦煌遗书汉文纪年卷编年》)。可是,这种经文很难伪造。

(5) 虽然相对于刊本与写本系统间的差异,各刊本之间的差异并不算太多,可是,《碛砂藏》本、宋元明大藏经本与《高丽藏》经本(以及《金藏》本),在分卷和文字上均截然不同。

(6) 在《大正藏》版面下边的校记中,可看到底本《高丽藏》本与宋元明藏本、《圣语藏》本对校的结果。尽管《大正藏》校记的准确度一直以来受到质疑,但就《法句譬喻经》而言,它的校记可以说是相当准确的。虽难免有些遗漏(失校)和误校,也只在少数。传言在《大正藏》编纂之际,曾将《圣语藏》写卷自奈良运至东京用于校勘。《大正藏》本的校记是依据《圣语藏》本中用朱笔校改后的文字这一事实,可以说证实了上述传言。

5. 对写本与版本之间所存在异文的讨论

(1)《教学品》第二第2话

学道日久,未解法门。每坐禅定,垂当得道,为欲所盖。阳气隆盛,意惑目冥,不觉天地。(丽517b、大577b)

【校】为欲所盖:《金藏》广胜寺本同;《圣语藏》本、金刚寺本作"为欲盖所惊";《碛砂藏》本作"为欲所盖惊"。

【案】虽然"为欲所盖"不可谓不通,但这应属后期的形式。不难推测,先是将"为欲盖所惊"误作"为欲所盖惊",再改作"为欲所盖"的这一过程。"欲盖"为五盖之一;"惊"谓睡醒,在此意指妨碍禅定。

(2)《护戒品》第二(《教学品》第二第4话)

于时旱热,泉水枯竭。二人饥渴,热暍呼吸。(丽518a、大578a)

【校】呼吸:《金藏》本、《碛砂藏》本同;《圣语藏》本作"吁哈",金刚寺本作"吁吟"。

【案】慧琳《一切经音义》(卷七六,《法句譬喻经》卷一)云:"呼欱:上呼字,经文从于作吁,书写人误也。下呼鸽反。《说文》云:歠也,从欠合声。经文作哈,虽俗用,音吐合反,非经义也。""吁"(《说文》:惊也)为"呼"之误,金刚寺本的"吟"则明显是"哈"的误字,慧琳所见8世纪长安的传本与《圣语藏》本一致。"呼欱"指较"呼吸"更为激烈的呼吸节奏。"哈"之所以成为"欱"的俗字,是由于"哈"原义为"鱼多貌"(《广韵》、宋本《玉篇》、《龙龛手镜》)、"鱼口貌"(《集韵》)。

(3)《多闻品》第三第1话

佛愍其愚，现为贫凡沙门，诣门分卫。时夫不在，其妇骂詈，无有道理。沙门语曰：吾为道士，乞匃自居，不得骂詈，唯望一食耳。(丽518c、大578b)

【校】不得：《圣语藏》本、金刚寺本、敦煌本(S. 1638)、《经律异相》卷五《大正藏》校记引宫内厅本并作"不恶"。

【案】"不恶"，意为"不介意受到丑诋"。"不得"则表示禁止，作为行乞沙门的话语不甚妥当。应从写本系统作"不恶"。

(4)《多闻品》第三第1话

我有弊妻，不识真人，使我兴恶。(丽518c、大578b)

今者在彼，卿自宜往，改悔灭罪。(丽519a、大578b)

【校】恶：《圣语藏》本、金刚寺本、敦煌本(S.1638)作"怨"。自宜：《圣语藏》本、金刚寺本、敦煌本(S.1638)、《经律异相》卷五引三本及宫本、《本际经》卷七《譬喻品》并作"宜自"。

【案】"兴怨"指心怀怨恨，"宜自"是副词的双音节形式，二词皆应从写本系统。"宜自"在《心意品》中再次出现，如"生死无端，轮转五道，苦恼百千，皆意所造。宜自勉励，求灭度安"。

(5)《多闻品》第三第4话

山道深邃，有五百贼，依崄劫人。后遂纵横，所害狼藉，众贾被毒，王路不通。(丽520b、大579b)

【校】后遂：《圣语藏》本、金刚寺本作"前后"。

【案】"前后纵横"形容盗贼恃众劫掠的情形，亦即下文所云"群贼齐头，径前围绕，挽弓拔刀，诤欲剥脱"的具体方式("径"在《高丽藏》本中误为"住"。《忿怒品》中另见"醉象齐头，径前趣佛")。

(6)《慈仁品》第七第1话

山中有一家，有百二十二人，生长山薮，杀猎为业，衣

皮食肉，初不田作，奉事鬼神，不识三尊。佛以圣智，明其应度，往诣其家。（丽 522c、大 581b）

【校】智明：《圣语藏》本、金刚寺本、《碛砂藏》本作“明知”，《大正藏》校记引三本作“明智”。

【案】应作“佛以圣明，知其应度”，无“明……应度”这一说法。《无常品》第 5 话“佛知莲华应当化度”，《多闻品》第 2 话“佛知梵志宿福应度”，《笃信品》第 1 话“世尊常念其应度者当往度之，知此诸家福应当度”，《世俗品》“佛知是王宿福应度，化作梵志，往到其国”。另外，“圣明”的用例见于竺法护译《正法华经·劝助品》“世间有佛，圣明导师”（大 121c）。这大概是由于首先宋版将“知”误作为“智”，《高丽藏》本再将此二字互相颠倒的双重错误所致。

(7)《慈仁品》第七第 1 话

诸母人闻经欢喜，前白佛言：山民贪害，以肉为食。欲设微供，愿当纳受。佛告诸母人：诸佛之法，不以肉食。吾已食来，不须复办。（丽 522c、大 581b）

【校】办：《圣语藏》本、金刚寺本作“烦”。

【案】“不须复烦”是用于表达对供养的感谢而又婉转谢绝的说法，作为靠乞食维生的佛陀的言辞，比“不须复办”更为贴切。

(8)《慈仁品》第七第 1 话

其夫惊疑，怪不如常。弃肉来归，谓有变故。至见诸妇皆坐佛前，叉手听经，瞋恚声张，欲图毁佛。（丽 523a、大 581b）

【校】声张：《圣语藏》本、金刚寺本、《金藏》广胜寺本作“彀张”；《碛砂藏》本作“弯彀”。

【案】“彀”意为张弓。《高丽藏》的“声(聲)”,也许是从“彀”——“弩”(俗体)——“声(聲)”变化而来的结果。

(9)《双要品》第九第1话

> 其恶念者,太山鬼神,令酒入腹,如火烧身。出亭路卧,宛转辙中。晨商人车[四]五百乘,轹杀之焉。伴明日求之,已然。(丽524c、大582c)

【校】已然:《圣语藏》本、《金藏》广胜寺本作“见死已然”。

【案】《圣语藏》本、《金藏》本意为“看到已经那样死去”。类似语句见于《愚暗品》中“说法甚美,不觉失火,一时烧死,既生天上。王将人从,来欲救火,见之已然”(《大正藏》误作“燃”),《爱欲品》中“(其夫)将妇入房:今欲与汝共死一处。即便刺妇,还自刺害,夫妇俱死。奴婢惊走,往告长者。长者大小,惊来看视,见其已然”。据《大正藏》校记所言,因宋本脱“见死”二字,明本将“已然”改作“已杀(煞)”。此三例似乎均表示“去看时,已经死了”“即使赶到了,业已为时过晚”的定型句。若行文力求达意简洁,“已然”二字确为芜蔓之词。

(10)《双要品》第九第1话

> 后一人云:佛者若牛,弟子犹车。彼人自种车轹之核,今在太山地狱,为火车所轹,自获其果。然非王勇健所能致矣。为善福随,为恶祸追。此为自作,非天龙鬼神所不能与此。(丽525a、大583a)

【校】所不能与此:《圣语藏》本作“所能得此”;《碛砂藏》本、《大正藏》校记引三本作“所能与”;《金藏》广胜寺本作“所不能与得此”。

【案】《圣语藏》本“非天龙鬼神所能得此”为是。“得”意为到、致,针对上文“非王勇健所能致矣”而言。广胜寺本作“所不能与得此”,不但文中原字“得”和改字“与”并存,且衍“不”字,最不恰当。

(11)《双要品》第九第3话

> (偈)以真为伪,以伪为真。……知真为真,见伪为伪。……(丽526a、大583c)

【校】四"伪"字:《圣语藏》本、敦煌本(B8727)并作"彦"。

【案】"彦"为"彦"的俗字(见罗振玉《碑别字拾遗》、黄征《敦煌俗字典》)。"彦"又是"谚"的省旁字。后汉支曜译《成具光明定意经》:"广戒者,谓能摄身三殃,守口之四过,捡意之三恶。……意行者,则心习智慧,思惟生死,常住慧处,不惑流洪,又深入道品,空无之要,别了真喭而无疑难,见善则劝,成则代喜,斯意之三戒。"(大15.453a)《玄应音义》:"真谚,宜箭反,俗言也。了别真言,无疑难也。又经文作喭,非也。"(卷五8a)吴康僧会译《六度集经》卷四(37):"(丈夫)谓菩萨曰:尔等惑乎?以鬼魅为妻,捐二亲九族之厚,为鬼所吞,岂不惑哉?尔等无寐,察其真赝矣。"(大3.19c校记云:"赝"三本作"谚")《玄应音义》:"真谚,宜箭反。《说文》:传言也。俗语也。真犹真实也。言了达真言俗语也。经文从口作喭,误也。"(卷二十6b)也就是说,"谚"意为相对于"真"的"俗",相对于"真实"的"讹传之语"。"谚"有时也写作"彦",两者通用。《庐山远公话》写本(S. 2073)所云"故知俗彦(谚)有语云:人发善愿,天必从之;人发恶愿,天必除之"(《敦煌变文校注》,254页)则为其中一例。《双要品》的宋本、《金藏》本、《高丽藏》本没有理解"彦"的含义而改作"伪",《高丽藏》本《六度集经》也将"谚"改作"赝"(《双要品》中的此处,《大正藏》失校)。七寺本中缺此法句偈,而《金藏》本则用双行小字补写,可见曾经存在过缺少两段法句的传本。

(12)《放逸品》第十

> 于是下山,拾取宝物,藏着一处,讫便出山,求呼兄弟,

负驰持归。(丽 526c、大 584a)

【校】驰:《圣语藏》本、敦煌本(B.8727)、《碛砂藏》本作"驮"(《中华大藏经》失校);《大正藏》本作"驰"。

【案】《慧琳音义》(卷七六):"负驮,下陀哆反,《考声》云:驴马负物也。"《干禄字书》:"驮驮,上俗下正。""驰"是"驼"的俗字(蔡忠霖《敦煌汉文写卷俗字及其现象》,300 页)。《方言》卷七:"凡以驴马馲驼载物者,谓之负他。"《音义》:"他音大,今作驮字。"钱绎《笺疏》:"《玉篇》:驮,马负貌。驮与他同。《汉书·赵充国传》:以一马自他负三十日食。颜师古注云:凡以畜产载负物者皆为他负。他与担同。"就是说,"驼"指骆驼,作为动词表示"负荷"之义是后代的用法。《汉语大词典》引用颜师古《汉书注》(《司马相如传》引《上林赋》注)的"驼物"一词,说明在唐代已有此义,而这种用法似乎在《金藏》《高丽藏》的时代就已经一般化了。

(13)《放逸品》第十

(偈)守戒福致喜,犯戒有惧心。能断三界漏,此乃近涅槃。(丽 526c、大 584a)

【校】涅槃:《圣语藏》本、敦煌本(B.8727)作"泥洹"。

【案】"泥洹"是"涅槃"的古译。在本经以及《法句经》中,如有"《泥洹品》第三十六",应该在翻译时就一贯使用的是"泥洹"。但是,《放逸品》《明哲品》《梵志品》的《高丽藏》本,"涅槃(槃)"一词存在 5 例,这也许是抄写疏忽所致。这 5 例,在《圣语藏》、B.8637(《梵志品》)、《经律异相》(《明哲品》)中都写作"泥洹"。

(14)《喻华香品》第十二第 2 话

掬水虽少,值彼渴者,持用与之,以济其命,世世受福,不可称计。(丽 528b、大 585b)

【校】称:《圣语藏》本、金刚寺本、《经律异相》卷三十及卷四三引并作"訾";敦煌本(B.8639、B.8727)、《碛砂藏》本、《大正藏》校记引三本并作"赀"。

【案】"不可訾计""不可赀计"(不计其数)常见于中古文献中。例如《后汉书·陈蕃传》:"蕃乃上疏谏曰:……又比年收敛,十伤五六,万人饥寒,不聊生活,而采女数千,食肉衣绮,脂油纷黛,不可訾计。"李贤注:"訾,量也。"(中华书局版,2161页)竺法护译《正法华经·信乐品》:"吾所造业,不可赀计,众宝具足,子知之乎?"(大9.80c)《玄应音义》:"訾,又作嘗,同,子移反。《说文》:訾,量也,思也。经文作赀货之赀,非字意也。"(卷七4b)《通鉴·魏纪明帝青龙三年》:"廷尉高柔上疏曰:……加顷复有猎禁,群鹿暴犯,残食生苗,处处为害,所伤不訾。"胡三省注:"不訾,言不可计量也。"(中华书局版,2307页)《高丽藏》本将"訾"改作平易的"称",文义虽则通顺,却有失原貌。另外,《圣语藏》本先作"赀",后用朱笔校改作"訾"。

(15)《喻华香品》第十二第2话

> 王便瞋恚,遣人呼曰:汝今持斋,应违王主之命不乎?(丽528b、大585b)

【校】汝:《圣语藏》本、金刚寺本、敦煌本(B.8727)、《碛砂藏》本、《经律异相》卷三十及卷四三引并作"如"。

【案】下文中波斯匿王皆称末利夫人为"卿",唯有此处作"汝"不够恰当。此处应作"如今"(现在)。

(16)《喻华香品》第十二第3话

> 此诸沙门有亲友长者,闻其出家,意大欢喜,往到崛山,与之相见,赞言:诸君,快哉善利,乃有此志。(丽529a、大585c)

【校】大:《圣语藏》本、金刚寺本、敦煌本(B.8639)并作

"代";《碛砂藏》本、《大正藏》校记引三本作"大代其"。

【案】《圣语藏》本等所作"代欢喜",当与汉译佛经及敦煌变文中常见的"助欢喜"(表示贺意)同义。《生死品》第三十七有"三人共笑,助之欢喜"句。《碛砂藏》本、三本作"大代其欢喜",是误将改"代"为"大"的校改旁记混入正文所致,而留下了"代"这一本字的痕迹。上揭《双要品》第3话的校证中所引《成具光明定意经》中也有"见善则劝,成则代喜"一例。

(17)《明哲品》第十四第2话

> 食饮粗恶,才自支身,如此至久,云何得道?(丽532a、大587c)

【校】得道:《圣语藏》本、金刚寺本并作"得活";《碛砂藏》本、《经律异相》卷二一引、《大正藏》校记引三本并作"可活"。

【案】前后文讲的是一小儿感慨自己所处的生活条件粗劣的场面,显然与"得道"无关。《高丽藏》本不慎误改。

(18)《明哲品》第十四第2话

> 我尔时小难,一时之勤,竟不意精进,而令数世遭诸苦患。此是自为,非父母作也。(丽532a、大587c)

【校】竟不意精进:《圣语藏》本、金刚寺本、《经律异相》卷二一引作"不竟精进";《碛砂藏》本作"竟不精进";《大正藏》校记引宋本作"不意精进"。

【案】继上条所述场面,另一小儿陈述自己在前世如何缺乏勇猛心,无法持续精进之事。宋本的"意"显然是"竟"的笔误。《高丽藏》本"竟""意"并存,更与原文背道而驰。

(19)《罗汉品》第十五

> 时奴分那白大家言:愿莫愁忧。分那作计,月日之中,当令胜兄。大家言:若审能尔者,放汝为良人。(丽532c、

大 588b)

【校】若:《圣语藏》本、金刚寺本、敦煌本(P. 3086)并作“善”。

【案】《圣语藏》本等的“善”是长上者使用的应诺之语。《三国志·蜀书·诸葛亮传》:“亮答云:……诚如是,则霸业可成,汉室可兴矣。先主曰:善!”(中华书局版,913 页)虽然也可以将“若审”看作假定辞(例如《地狱品》第三十第 1 话“若审乐者,不能复还。若不乐者,当来语汝”),但是既然写本系统皆作“善”,应该是刊本的校改有误。

(20)《述千品》第十六第 1 话

> 佛愍伤之,即呼着前,授与一偈:守口摄意身莫犯非,如是行者得度世。(丽 533b、大 589a)

【校】非:《圣语藏》本、金刚寺本、《碛砂藏》本、《经律异相》卷一七、《法苑珠林》卷五三皆无此字。

【案】《高丽藏》本的两句偈文分别为八言和七言,不够工整,令人怀疑。写本一切经、早期文献的引用以及据《中华大藏经》(底本为《高丽藏》本)校记所言,其他各刊本均无“非”字。另外,《冥祥记》“耆域”条(《法苑珠林》卷二八引)的引文作“守口摄意身莫犯,如是行者度世去”,也同样是七言二句。《高僧传》卷九《耆域传》中作五言四句:“守口摄身意,慎莫犯众恶,修行一切善,如是得度世。”比较接近《七佛通戒偈》。《酉阳杂俎续集》卷四引《梁元帝杂传》作四言二句:“守口摄意,心莫犯戒。”七言的上句像这样比较容易被改写为四言二句。

(21)《恶行品》第十七第 1 话

> 乃往昔时,有五百年少婆罗门,共行入山,欲求仙道。时山上有一沙门,欲于山上泥治精舍,下谷取水,身轻若飞。五百婆罗门嫉妒意,同声笑之:今此沙门,上下翻疾,

亦如猕猴耳，何足为奇也？如是取水不止，山水一来，溺杀不久。（丽 536a、大 590c）

【校】耳：《圣语藏》本、金刚寺本、七寺本、敦煌本（B.8727）、《经律异相》卷四七皆无。

【案】此文的语气于“亦如猕猴”不断，一直贯穿乃至“何足为奇也”。写本系诸本、早期引用文证此。此处为刊本误增，而《大正藏》失校。

（22）《刀杖品》第十八第 2 话

美音喜踊，宿行所追，旦自解畅，宣令宗室：谁能共行，受斋戒法？（丽 538a）

【校】旦自解畅：《圣语藏》本、金刚寺本作“一旦自解”；七寺本作“一具自解”；《碛砂藏》本、《大正藏》校记引三本作“恒自解畅”；《大正藏》本作“且自解畅”。

【案】《圣语藏》本、金刚寺本“一旦”意为“即时”（立刻），例如《喻老耄品》第十九第 2 话：“话不计成败，一旦离散。譬如老鹄守此空池，永无所获。”这一句意为：“美音长者（听到婆罗门的话）高兴得手舞足蹈，当即觉悟此为前世宿行之缘，向一家人呼吁：‘有谁要一同前往受持斋戒之法？’”后汉康孟详译《中本起经·须达品》中有与此相应的平行记事言：“美音喜跃，宿行所追，亘解欲行。明旦宣令宗室及所亲爱：谁能共行，受斋揩式？”（大 4.151a）。此处的“亘”，大概是将“一旦”二字合写为一字所致（或有可能是“旦”的讹字）。“旦”亦有“立刻、当即”之义。例如《梵志品》第三十五第 1 话：“止此山中，修道来久。旦欻火起，烧山树木，怖而走出。”七寺本的“具”、《碛砂藏》本与三本的“恒”，都是“旦”的讹字。刊本的“畅”，当为脱写“一”字后而妄增之字。《大正藏》的“且”为《高丽藏》“旦”字的误排。

(23)《爱身品》第二十第2话

> 村人大小,见佛变化,莫不欢欣,皆得道迹,称之贤圣,无复屠儿之名。(丽540c、大594a)

【校】贤圣:《圣语藏》本、七寺本、金刚寺本、《经律异相》卷五引、《碛砂藏》本并作"贤里",《中华大藏经》校记引《资福藏》本作"贤果"。

【案】村人受佛教化而获"道迹",亦即须陀洹(预流)果,此果位尚难称为"贤圣"。此处是讲村名将"屠儿村"改为"贤里"一事。《资福藏》本(后思溪版)所作"贤果",为"贤里"之误。唯有《高丽藏》误作"贤圣"。

(24)《奉持品》第二十七

> 尼犍问佛曰:何谓为道?何谓为智?何谓为长老?何谓为端正?何谓为沙门?何谓为比丘?何谓为仁明?何谓为有道?何谓为奉戒?若能解答,愿为弟子。(丽545a、大597a)

【校】奉戒:《圣语藏》本、七寺本、金刚寺本并作"奉法"。

【案】针对尼犍的九问,世尊答以十四偈。其第十四偈所云"奉持法者,不以多言,虽素少闻,身依法行,守道不忘,是为奉法",针对的是第九问"奉法",而刊本皆误作"奉戒"。此外,《高丽藏》本以外的刊本,皆脱第八问"何谓为有道"五字,便导致无法与偈相对应。

(25)《道行品》第二十八

> 梵志见佛,稽首作礼,具以本末向佛陈之:实是我儿,不肯见认,反谓我为痴呆老翁,寄往须臾,认我为子。永无父子之情,何缘乃尔?(丽545c、大597c)

【校】见认:书道博物馆本、《圣语藏》本、金刚寺本、敦煌本

(B.8638)、《碛砂藏》本、《法苑珠林》卷五二引并作“见名”;七寺本作“见”字;《经律异相》卷四十引作“复见”;《诸经要集》卷七引、《法苑珠林》卷五二校记引三本及宫本作“见召”。老翁:《圣语藏》本、七寺本、敦煌本(B.8638)、《碛砂藏》本、《诸经要集》卷七引、《经律异相》卷四十引并作“老公”。

【案】应为“见召”“老公”。意为“其实是我的儿子,却不肯容我呼唤”。误“召”为“名”,当为形似之误。《高丽藏》以“见名”不够妥切,而配合下文改为“见认”。“老公”是不含敬意的称呼,作为丑诋其父为“痴呆”的儿子的言辞更为合适。

(26)《象喻品》第三十一第2话

> (偈)本意为纯行,及常行所安,悉舍降结使,如钩制象调。(丽549c、大600c)

【校】纯行:《圣语藏》作“非行”。

【案】“纯行”,引田注、田边注、神塚译中皆释为“随心所欲的行为”,可是“纯行”意为善行,并非偈中所言“结使”所致。《汉书·宣元六王传楚孝王嚣》:“成帝诏曰:楚王嚣素行孝顺仁慈,之国以来二十余年,孅介之过未尝闻,朕甚嘉之。……夫行纯茂而不显异,则有国者将何勖哉?”颜师古注:“纯,大也。一曰善也。茂,美也。”(中华书局版,3319页)即指高尚的行为。《法句经》326的引田译:“此心曾经并不抑制欲望而随心所欲地转动。现在,我要彻底抑制那〔颗心〕。就如同带钩的〔驭象者〕驾驭发情的大象一样。”《出曜经·心意品》第五偈翻译为:“汝心莫游行,恣意而放逸。我今还摄汝,如御暴逸象。”(大4.749a)《出曜经》将前半句作为矫正的对象而翻译得很明确,正可作为《圣语藏》本的“非行”的旁证。

(27)《爱欲品》第三十二第2话

> 化作沙门,伺其坐食,现出坐前,咒愿且言:多少布施,

可得大富。（丽 550c、大 602a）

【校】大富：《圣语藏》本、敦煌本（B.8637）、《诸经要集》卷七引、《法苑珠林》卷五二引并作“大福”。

【案】既然是乞食沙门的言辞，应作“大福”。既言此长者“财富无数，为人悭贪，不好布施”，其所缺应为福报。

（28）《利养品》第三十三

> 佛告吉星：卿女端正，是卿家好。如我之好，是诸佛好。我之所好，其道不同。卿自誉女端正姝好，譬如画瓶中盛屎尿，有何奇特？好为所在？著眼耳鼻口，身之大贼；面首端正，身之大患。破家灭族，煞亲害子，皆由女色。（丽 553a、大 603c）

【校】《圣语藏》本“是卿家好”作“是卿家之好”；“姝好”作“殊好”；“屎尿”作“屎屎”；“好为所在”作“好为好所”；“面首”作“面目”；“煞亲害子”作“煞子害身”。

【案】此处刊本与写本的不同较多，可见刊本往往有篡改早期写法的倾向。第一，“屎屎”是“屎尿”的早期写法，《玄应音义》卷一七：“屎屎，（屎）又作菌。古书亦作矢，同，失旨反。《说文》：菌，粪也。下（屎）又作尿，同，乃吊反。《通俗文》：出脬曰尿。《字林》：屎，小便也。医方多作屎溺，假借也。论文作屎，香伊反，殿屎，呻吟也，屎非此义也。”（《阿毗昙毗婆沙论》卷四音义）第二，所谓“好为好所”，应读作“好为好，所著眼耳鼻口，身之大贼”，意思是说，“（容貌）好为好，一旦执着则招致身败之大贼”。《高丽藏》本改为“好为所在”（所谓“好”究竟在何处），大错。“好为好”意为“好为好矣”，并非要否定“好”之本身，而是认为“卿家之好”与“我之好”，“其道不同”而已。“所著”二字在意思上兼摄“面首端正”之句。可见译成“容貌端正本是大祸”（松村译）则有违佛意。

(29)《梵志品》第三十五

> (佛)独行无侣,到其路口,坐一树下,三昧定意。放身光明,照一山中,状如失火,山中尽燃。梵志怖惧,咒水灭之,尽其神力,不能使灭。怪而舍走,从路出山,遥见世尊树下坐禅。譬如日出金山之侧,相好炳然,如月星中。怪是何神,就而观之。(丽 554b、大 604c)

【校】状、燃、惧:《圣语藏》本、敦煌本(B.8637)作“化”“然”“懅”。如月星中:《圣语藏》本、敦煌本(B.8637)、《碛砂藏》本作“如月星中明”。

【案】“状如失火”不过是光明的形容,如言“化如失火”,则是由三昧力的火焰所引起的山中火灾。正如下文中佛自言“此火福火,不伤损人”,那应是变幻出的火灾。梵志们从山中逃出,遥望来处,才发现那是三昧力之幻化,此境描写用“化”更贴切。脱写“明”字,“如月星中”不成文义。敦煌本“月”字用武周新字,“星”作“声”字。“星”“声”是唐代西北方音的通用字。

(30)《生死品》第三十七

> 夫知妇意,欲得棕华,即便上树,正取一华,复欲得一,展转上树,乃至细枝,枝折堕地,伤中即死。居家大小,奔波跳走,往趣儿所,呼天伤哭,断绝复甦。(丽 555c、大 606a)

【校】甦:《圣语藏》本作“蘓”;《经律异相》卷四十引、《诸经要集》卷一九引作“蘇”;《法苑珠林》卷九七引作“稣”。

【案】“甦”为“蘇”的俗字。至于此俗字的造出时期,颜之推谓为“北朝丧乱”之时(《颜氏家训·杂艺篇》),慧琳谓为武周朝(《一切经音义》卷一百《安乐集》卷上:集作甦,大周朝伪字,非也),唐末的苏鹗则认为是“后魏流俗所撰,学者之所不用”(《苏氏演义》卷上)。无论如何,在《法句譬喻经》的译出时代,这一俗字尚未出现。

以上，我们从刊本与写本之间的差异中择取了30条的校证，可知写本中保存了古老的形态，而刊本则往往有改写的倾向，从而导致对原义的误解。其校改和讹误脱衍的类型大致可分以下七类：

1. 写本系统的文字，至刊本(《碛砂藏》《金藏》《高丽藏》)有误(1、2、3、4、5、7、10、11、13、28)；

2. 写本系统的文字，至刊本(《金藏》《高丽藏》)有脱(6、12、29)；

3. 写本系统的文字，至刊本(《碛砂藏》《高丽藏》)有误(9、16、19、21、22、24、26、27)；

4. 写本系统的文字，唯于《高丽藏》有误(8、15、17、23)；

5. 写本系统的文字，至刊本(《碛砂藏》)有误，《高丽藏》加深其误(18)；

6. 写本系统无此字，唯于《高丽藏》误衍(20)；

7. 写本系统的早期文字写法，在刊本中有所改动(14、28、30)。

把汉译佛经作为一种语言学资料进行词汇语法的研究，已成为中古汉语研究的新潮流。通常认为，由于种种原因，汉译佛经中含有丰富的口语成分，并且译者、译地明确，语言时代及地域亦可断定，资料可靠性可以得到保障。此外，佛经作为信仰上的典籍，按理不会轻易遭受后世的改动。可是，看到上述多数实例之异同，鉴于版本校改文字的事实，与其他中国文献一样，汉译佛经亦非例外。

我们在使用《大正藏》时，遇到难读之处，通常会从校记中适当择取那些较为通顺的文字来替代。文字之差异其实是表示各文本系统上的差异。若我们只是应不同需要而作局部的处理，则难免失当。也就是说，我们有必要采用古写经（奈良平安写经）作为底本而制作一些校订本。

三、校订《大正藏》的尝试之二——以大乘经典《维摩诘所说经》为例

鸠摩罗什译《维摩诘所说经》三卷（下简称《维摩经》），僧肇注解序云：

> 以弘始八年(406)，岁次鹑火，命大将军常山公、左将军安城侯，与义学沙门千二百人，于常安大寺请罗什法师重译正文。什以高世之量，冥心真境，既尽环中，又善方言。时手执胡文，口自宣译。道俗虔虔，一言三复，陶冶精求，务存圣意。其文约而诣，其旨婉而彰，微远之言，于兹显然。(《出三藏记集》卷八，《中国佛教典籍选刊》)

罗什新译一出，便受到广大士人的喜爱，在南北朝知识界里产生了深远影响。[①]

敦煌遗书中罗什译《维摩经》写卷有八百余号之多，在敦煌写经中为数居第五位（依序为：《大般若波罗蜜多经》《金刚般若波罗蜜经》《金光明最胜王经》《妙法莲华经》《维摩诘所说经》）。[②] 从以敦煌写经校订《大正藏》本《维摩经》的角度看，应当重视南北朝、隋朝书写的早期写卷。这些写卷虽然为数不多，而且都是残卷或残片，但是从中能窥见其早期形态。其次，为解明《维摩经》异文的演变，必须用有题记的写卷入校。另

---

① 详见陆扬《〈维摩诘经〉与南北朝社会文化之关系》，载《中国文化与中国哲学》第3辑，三联书店，1990年；孙昌武《中国文学中的维摩与观音》，高等教育出版社，1996年。

② 江素云《〈维摩诘所说经〉敦煌写本综合目录》，台北东初出版社，1991年；方广锠《敦煌遗书中的〈维摩诘所说经〉及其注疏》，《敦煌学佛教学论丛》下册所收，中国佛教文化出版有限公司，1998年。

外，有代表性的注疏，如僧肇《注维摩诘经》十卷汇集罗什、僧肇、竺道生三家注释，反映了当时在长安大寺译场中讨论译文的实况。只是通过用敦煌、吐鲁番写卷对校《大正藏》本《注维摩》，就发现《大正藏》本（底本为日本宽永十八年[1641]刊本）已失却原貌。唐道液《净名经集解关中疏》二卷，系对僧肇《注维摩》进行删补之作，所引经文的个别文字则循遵唐代通行的文字规范进行改写。本次校勘利用日本古写经有《圣语藏》本和金刚寺本两种（复印件由落合俊典先生提供），以及两本房山石经本拓片，都具有重要的校勘价值。近年西藏拉萨布达拉宫发现的梵文本，因其书写年代推算为 11—13 世纪，不能视为罗什翻译的底本，仅可供参考。[①]

本次校订《大正藏》本《维摩经》所用的校本、参校本如下：

1. 敦煌写经

卷上 敦研 113（北魏天安二年[467]令狐归儿课，《佛国品》散写 7 行），敦研 148、159、285，敦博 031（均为《弟子品》残片），敦研 117、176、302（《菩萨品》断简及残片，以上 7 号当属北朝写经），上图 035（北魏神龟元年[518]经生张凤鸾写，19 纸。存《方便品》《弟子品》《菩萨品》），北图 973（当为隋以前写经，存《弟子品》《菩萨品》《问疾品》），S.2991（经生王瀚写经，《中国古代写本识语集录》谓为 9 世纪前期写，存自《佛国品》至《菩萨品》），P.4646（贝叶经装，上山大峻谓为敦煌中期[790—860]，完帙），S.1864（甲戌年[794]张玄逸小字写经，完帙），S.4153（申年勘经，《集录》谓为 9 世纪前期写，存自《弟子品》至《嘱累品》）、津艺 162（五代小字写经，存《佛国品》[首缺]至《嘱累品》），津艺 163（五

① 《梵文維摩経——ポタラ宮所蔵写本に基づく校訂》，大正大学出版会，2006 年。

代小字写经，存《菩萨品》至《嘱累品》)。

卷中 S.3394(永徽3年[652]写经，存《观众生品》至《入不二法门品》)，S.765(索宝集妻写经，《集录》谓为大约8世纪写，存自《问疾品》至《入不二法门品》)，S.2282(道斌写经，《集录》谓为9世纪前期写，存自《问疾品》至《入不二法门品》)，S.2871(金光明寺僧祝阇梨供养经，《集录》谓为9世纪前期写，存自《观众生品》至《入不二法门品》)，北图1074(唐写经，存自《问疾品》至《入不二法门品》)，津艺164(五代写经，存自《问疾品》至《嘱累品》)。

卷下 北大D062(隋写经，存自《菩萨行品》至《嘱累品》)，S.2838(高昌延寿14年[637]经生令狐善欢写经，存自《香积佛品》[首缺补写]至《嘱累品》)，大谷余乙29(垂拱4年[688]王伯美写经，存自《法供养品》至《嘱累品》)，甘博054(唐写经，存自《香积佛品》至《嘱累品》)，北图1215、1236、1237(三本均为唐写经，存自《香积佛品》至《嘱累品》)。

2. 日本古写经

《圣语藏》本(天平十二年[740]光明皇后发愿经，存卷上、中)；

《金刚寺一切经》本(13世纪写经，存卷上)。

3. 石刻经

房山石经甲本(隋唐刻经拓片，五洞1～13，《房山石经》第3册，华夏出版社，2000年)；

房山石经乙本(唐开成元年[836]刻经拓片，九洞291、283、290，同上)。

4. 刊本大藏经

《碛砂藏》本，《金藏》广胜寺本(存卷中、下，《中华大藏经》

所收本，据《金藏》广胜寺本影印、修改），《高丽藏》本。

5. 注疏·音义

僧肇《注维摩诘经》（《大正藏》本、甘博129［僧肇单注本，《弟子品》残卷］、高昌201甲乙［僧肇单注本，《观众生品》《菩萨行品》断简，藤枝晃编《高昌残影》，法藏馆，1978年］）；

隋慧远《维摩经义记》（《大正藏》本）；

隋吉藏《维摩经义疏》（《大正藏》本）；

唐道液《净名经集解关中疏》（黎明整理，《藏外佛教文献》第二、三辑，宗教文化出版社，1996、1997年）；

玄应《一切经音义》（《海山仙馆丛书》本，新文丰出版公司，1980年）；

可洪《新集藏经音义随函录》（《高丽藏》本）。

6. 梵文本

《梵藏汉对照〈维摩经〉》（大正大学综合佛教研究所梵语佛典研究会编，大正大学出版会，2004年）。

甲、对校订《大正藏》至关重要的异文：

1. 菩提心是菩萨净土。菩萨成佛时，大乘众生来生其国。（《佛国品》538b）

【校】菩提心：《圣语藏》本、金刚寺本、房山石经乙本、P.4646、S.2991并作“大乘心”。津艺162首部下边残缺，只留“大乘”二字；房山石经甲本作“发菩提心”。

【案】《注维摩》卷一正作“大乘心”，僧肇注：“乘八万行，兼载天下，不遗一人，大乘心也。”又云“别本云菩提心”，以区别罗什译。可见罗什本作“大乘心”无疑。隋慧远《维摩义记》卷一末：“言大乘心是净土者，对果辨因。此乃名其求佛之心为大乘心。行能运通，目之为乘。乘中莫加，谓之为大。又佛菩萨名为大。大人所乘，名为大乘。求此之意，名大乘心。”(《大正藏》卷 14,436a)此条《大正藏》失校。

2. 外道梵志若闻此语，当作是念：何名为师？自疾不能救，而能救诸疾？仁可密速去，勿使人闻。(《弟子品》542a)

【校】仁：《圣语藏》本，金刚寺本，房山石经甲乙本，P.4646,S.2991,北图 870、973,上图 035,津艺 162 并作“人”。

【案】应为“人”，且“人”字当上属作“而能救诸疾人”。《注维摩》卷三及《关中疏》卷上、吉藏《维摩经义疏》卷三于“诸疾人”断句可证。《中华大藏经》诸校本中，只有《高丽藏》一本作“仁”。疑《高丽藏》本谓“人”与“仁”通用，当“仁者”解。

3. 如梦所见已寤，如灭度者受身，如无烟之火。菩萨观众生为若此。(《观众生品》547b)

【校】烟：藤枝晃编《高昌残影》所收吐鲁番写本断简(编号 201 甲)僧肇《维摩经注解》单注本及《关中疏》卷下作“因”。

【案】臼田淳三《维摩经僧肇单注本》谓：“《大正藏》本《维摩经》作‘烟’,《注维摩》作‘煙’。此处上下文列举无法存在之物来譬喻‘众生’本性。印度逻辑常用‘无火之烟’,而‘无烟之火’不能作不存在的譬喻。藏译本作‘如没有原因着火’,正与此本一致。僧肇注谓‘火必因质也’,亦说明此理。罗什原译当为‘无因之火’,后来‘因’字误从火作‘烟’,‘烟’又写成‘煙’。僧肇单注本比后来的合注本保存原貌。”(《圣德太子研究》第 11

号，1977 年）今按臼田说。梵文作“tadyathā mañjuśrī anupādānasyāgneḥ saṃbhavaḥ”（如无原物质而起火），玄奘译作“观不生火有所焚烧”，皆不涉及烟。现在留存的所有《维摩经》写本和刊本并误，唯有吐鲁番写本《僧肇注维摩》及《关中疏》保存原貌，可谓吉光片羽。

4. 以声闻法化众生，故我为声闻；以因缘法化众生，故我为辟支佛；以大悲法化众生，故我为大乘。（《观众生品》548a）

【校】大悲法：《圣语藏》本，房山石经甲乙本，P.4646，津艺162、163并作“大悲”；S.3394作“大乘法”。

【案】“大悲法”之“法”字当衍。支谦译作“求大乘者，自行大悲”，玄奘译作“常不舍离大慈悲故，我为大乘”。梵本作“mahāyānikāsmi mahākaruṇānutsṛjanatayā”（我不舍离大慈，故我为大乘），本无“法”字。《佛道品》云“示入辟支佛，而成就大悲，教化众生”，其义与此相同。然敦煌写经中作“大悲法”者有S.3394、津艺164，北图1074“大悲”下用小字添写“法”。刊本大藏经皆作“大悲法”。《注维摩》P.2095作“大悲”，而《大正藏》本作“大悲法”，《关中疏》亦同。总之，罗什原译作“大悲”，后来在传写过程中，涉上文“声闻法”“因缘法”而类化，竟写成“大悲法”。

5. 劫中有刀兵，为之起慈心。（《佛道品》550a）

先以欲钩牵，后令入佛道。（同550b）

【校】慈心、佛道：《圣语藏》本，房山石经甲乙本，S.3394，P.4646，北图1074，津艺162、163、164，《注维摩》卷七，《关中疏》卷下并作“慈悲”“佛智”。《大正藏》校记：“慈心”三本作“慈悲”。又“佛道”三本、《圣语藏》本作“佛智”。《中华大藏经》校记：“佛道”《资福藏》《碛砂藏》等六本作“佛智”。

【案】“佛智”句，三译略同：支谦译作“导以无贪欲，立之以佛智”，玄奘译作“先以欲相招，后令修佛智”。梵本正作“buddhajñāne”(佛智)。二词在诸本中唯《高丽藏》本(亦即《大正藏》本)有改动，《大正藏》本、《中华大藏经》本校记都有失校。

6. 善意菩萨曰：生死、涅槃为二。若见生死性，则无生死。无缚无解，不生不灭。如是解者，是为入不二法门。(《入不二法门品》551a)

【校】不生不灭：《金藏》广胜寺本、《高丽藏》本同；《圣语藏》本，房山石经乙本，P.4646，北图1074，津艺163、164并作“不然不灭”；房山石经甲本、S.3394作“不燃不灭”。

【案】应为“不然不灭”。《弟子品》云：“知诸法如幻相，无自性，无他性，本自不然，今则无灭。”又云：“法本不然，今则无灭，是寂灭义。”《注维摩》正作“不然不灭”，谓“缚、然，生死之别名。解、灭，涅槃之异称”。慧远《维摩义记》卷四本：“言不然者，以无缚故，本来不然。言不灭者，本无然故，今无所灭。”(495b)作“不生不灭”者有津艺162，得知早在写本阶段便致讹误。

乙、异文中反映汉语史中古时期的用字法：

1. 古今字例

(1) 芒/茫

时我世尊，闻此语茫然不识是何言，不知以何答，便置钵欲出其舍。(《弟子品》540c)

【校】茫：S.2991、《碛砂藏》本、《高丽藏》本同；《圣语藏》

本、房山石经甲本、P.4646、北图 870、上图 035、津艺 162 并作“芒”;金刚寺本作“恾”。

【案】“芒”“茫”,古今字,说见洪成玉《古今字》(语文出版社,1995 年)。《大正藏》本《注维摩》作“恾”,甘博 129《僧肇注维摩经》、《关中疏》作“芒”。《玄应音义》卷八:“芒然,莫唐反。案:芒然,冥昧不明也。旧经(指支谦译)作惘然。”可洪《随函录》:“恾然:上莫郎反,冥昧也,不知也,无所见也。正作盲。《经音义》作芒也。恾,怖也,非。”《大正藏》校记失校。

(2) 原/源、创/疮

> 汝不能知众生根源,无得发起以小乘法。彼自无疮,勿伤之也。(《弟子品》540c)

【校】源、疮:房山石经甲本、上图 035、敦博 031 并作“原”“创”。

【案】“原”与“源”,“创”与“疮”,皆为古今字,依洪成玉书。《大正藏》本《注维摩》作“源”“疮”,甘博 129《僧肇注维摩经》作“原”“创”,僧肇注中“疮疣”亦作“创疣”。《说文》《广雅》无“疮”字。《通俗文》:“体创曰痍,头创曰疡。”(案:《通俗文》当出晋宋间人。)梁顾野王《玉篇》:“疮,楚羊切。疮痍也。古作创。”《昭明文选》中“疮”有 2 例,皆见于齐梁作家(任昉、沈约)作品中,所以“创”作“疮”当在齐梁以后。

(3) 荧/萤

> 欲行大道,莫示小径。无以大海内于牛迹,无以日光等彼萤火。(《弟子品》541a)

【校】萤:房山石经甲本、S.2991、北图 973、上图 035、敦博 031、甘博 129《僧肇注维摩》并作“荧”。《圣语藏》本作“荧”,后改作“萤”。

【案】狩谷棭斋《笺注倭名类聚抄》萤字条:“《说文》无萤字,

古用荧。《尔雅》：荧火，即炤。《说文》：荧，屋下镫烛之光。转注为即炤，又从虫以别荧火也。”陆德明《尔雅释文》：“荧，本；今作萤。”（今据《汉语大字典》所引）从敦煌写经看，北图937、上图035、敦博031、甘博129等北朝隋时期写卷并作“荧”，S.1864、4153，P.4646，北图870，津艺162等唐五代写卷并作“萤”，罗什原译当作“荧”字。

（4）周/赒

> 此室有四大藏，众宝积满，赒穷济乏，求得无尽。（《观众生品》548b）

【校】赒：《圣语藏》本，房山石经甲乙本，S.3394，P.4646，北图1074，津艺162、163、164，《注维摩》，《关中疏》并作“周”。

【案】《大正藏》校记云：三本作“周”。《碛砂藏》本作“周”，《金藏》广胜寺本、《高丽藏》本并作“赒”，《中华大藏经》失校。《玄应音义》：“周穷，古文赒，同。之由反，谓以财物与人曰赒。”《毛诗·大雅·云汉》：“靡人不周，无不能止。”毛传：“周，救也。”郑笺：“周当作赒。”“赒”当为后起字。

2. 改字例

（1）濡/软

> 十善是菩萨净土。菩萨成佛时，命不中夭，大富梵行，所言诚谛，常以软语，眷属不离。（《佛国品》538b）

【校】软：《圣语藏》本，金刚寺本，房山石经甲本，S.1846、2991，伯4646，津艺162并作“濡”；房山石经乙本作“耎”。

【案】三字音义并同。《集韵》：“報、輭、软、需、濡，乳兖切，柔也。或从耎从欠，亦作需、濡，通作耎。”《法华经·方便品》：“巧说诸法，言辞柔软。”敦研107“软”作“濡”。古写经中“软”例作“濡”，后以“濡”当“柔弱”义用较为冷僻，竟改作“软”。《大正藏》校记失校。

（2）殖/植

已曾供养无量诸佛，深植善本，得无生忍。（《方便品》539a）

曾于五百佛所，植众德本，迴向阿耨多罗三藐三菩提，即时豁然还得本心。（《弟子品》541a）

【校】二“植”字：诸写本、《碛砂藏》本皆作“殖”。房山石经甲本《弟子品》作“植”。

【案】《玄应音义》：“深殖：时力反。《苍颉篇》云：殖，种也。《广雅》云：殖，积也，立也。”《可洪音义》：“殖众：上市力反。”《大正藏》本《注维摩》卷二《方便品》经文作“深植善本”，僧肇注：“树德先圣，故善本深殖也。”注作“殖”，经文原本当作“殖”。“殖”于树立义与“植”相通。然“殖”有积义。罗什注谓“功德业也”（《方便品》注）。罗什原译大概在此意义上用“殖”字。

（3）演/延

又舍利弗，或有众生乐久住世而可度者，菩萨即延七日以为一劫，令彼众生谓之一劫；或有众生不乐久住而可度者，菩萨即促一劫以为七日，令彼众生谓之七日。（《不思议品》546c）

【校】延：《圣语藏》本，房山石经甲乙本，S.765、1864、2282、4153，伯4646，北图1074，津艺163、164、165，《注维摩》卷六，《关中疏》卷下，《碛砂藏》本，《金藏》广胜寺本并作“演”。

【案】唯有《高丽藏》本（亦即《大正藏》本）改动作“延”。支谦译为“为奉律人现七夜为劫寿，不知是七夜也”；玄奘译为“或延七日以为一劫，令彼有情谓经一劫；或促一劫以为七日，令彼有情谓经七日”。罗什、玄奘译的“演”（“延”）、“促”二词，梵文均作“ādarśayet”（现出、演出）一词，即支谦译的“现”。“演”“延”二字同音同义：《广韵》“演”以浅切；“延”予线切，又以浅切。《释名·释言语》：“演，延也。言蔓延而广也。”故二字可互相代替。吉藏《维摩经义疏》卷四经文作“演”，而疏文则用“延”字代替：“凡夫二乘下位之人，不能促一劫为七日，延七日为一劫。大士能然，故是不思议也。”由此观之，罗什原译作“演”，而吉藏、玄奘等隋唐人则用当时通行的“延”字来代替“演”。

（4）赐/澌

于是钵饭悉饱众会，犹故不澌。（《香积佛品》）552c）

【校】澌：房山石经甲本，S.1864、2838、4153，P.4646，北图1215、1236、1237，甘博054，津艺162、163、164，《注维摩》卷八并作“赐”；《关中疏》卷下作“澌”。《大正藏》校记：“宋元本、《圣语藏》本作赐、明本作儩。”《中华大藏经》校记（底本为《金藏》广胜寺本）：“底本儩，《资福藏》本、《碛砂藏》本、《普宁藏》本作赐，《高丽藏》本作澌。”

【案】《说文·水部》“澌，水索也。”段注：“《方言》曰：铤，赐也。赐者澌之假借，亦作儩。”戴震《方言疏证》卷三：“《玉篇》云：澌音赐，水尽也。盖澌、赐同音，故赐亦为尽。《广韵》：澌亦作儩。”《玉篇·歺部》：“澌，息次切，死也，尽也。亦作澌。”四字音义并同，故可通用。从敦煌写卷的经文系统看，写卷皆作“赐”，刊本作“儩”“澌”。罗什原译用“赐”，后人大概以为“赐”当“尽”义用较为冷僻，便加人旁或改作“澌”“澌”等字。

3. 音译词例

（1）流离/瑠璃/琉璃

无以琉璃同彼水精。（《弟子品》540c）

金银琉璃车磲马碯。（《不思议品》547a）

【校】《弟子品》"琉璃"房山石经甲本，S.1864、2991、4153，P.4646，津艺162同；上图035、甘博129《注维摩》作"流离"；《圣语藏》本、金刚寺本、敦博031、北图870作"瑠璃"；北图973作"瑠离"。《不思议品》"琉璃"房山石经甲乙本，S.1864、4153，P.4646，北图1074，津艺162、164同；《圣语藏》本，S.765、2282，津艺163，《碛砂藏》本并作"瑠璃"。

【案】源顺《倭名类聚抄》卷三玉石类："瑠璃：野王案：瑠璃，青色而如玉者也。"狩谷棭斋笺注："所引文，今本《玉篇》不载。按《汉书·西域传》罽宾国出珠玑、珊瑚、虎魄、璧流离。注孟康曰：流离，青色如玉。顾氏盖本之。颜师古曰：《魏略》云：大秦国出赤白黑黄青绿缥绀红紫十种流离。又按：瑠璃，胡语，言璧流离。或省言流离，见杨雄《羽猎赋》，后遂作瑠璃字也。"从敦煌写卷看音译词的演变：北朝写经作"流离"，唐前期写经作"瑠璃"，唐后期五代写经作"琉璃"。

（2）虎魄/虎珀/琥珀

珊瑚琥珀、真珠珂贝。（《不思议品》547a）

【校】琥珀：《圣语藏》本，房山石经甲乙本，S.765、2282，津艺162、164作"虎魄"；S.1864、4153，P.4646，北图1074，津艺163并作"虎珀"。

【案】《倭名类聚抄》卷三玉石类："《兼名苑》云：琥珀，一名江珠。"狩谷棭斋笺注："按《博物志》云：琥珀，一名江珠。《兼名苑》盖本之。琥珀古作虎魄。《汉书·西域传》：罽宾国出虎魄。《急就篇》：系臂琅玕虎魄龙。《后汉书·西南夷传》：哀牢夷出虎魄。又《王符传》及《广雅》皆作虎魄，后人从玉，与发兵瑞玉之琥混。"《碛砂藏》本、《金藏》广胜寺本、《高丽藏》本并作"琥珀"。从敦煌写卷看其演变：原译作"虎魄"，后作"虎珀""琥珀"。

丙、《大正藏》校记补订(以卷上为例)

537c 校记 12:“诸”《圣语藏》作“之”。案:《圣语藏》实作“诸”。

538a 校记 1:“疑”《圣语藏》作“法”。案:《圣语藏》实作“疑”。

校记 3:“来去”《圣语藏》作“去来”。案:《圣语藏》实作“来去”。

校记 4:“达”《圣语藏》作“远”。案:《圣语藏》实作“达”。

校记 5:“已”《圣语藏》作“以”。案:《圣语藏》实作“已”。

538b “菩提心”《圣语藏》作“大乘心”。

校记 6:“众生”下《圣语藏》有“其身柔和”。案:四字写在纸条上贴,当在“众生”下补。

“软”《圣语藏》作“濡”。

538c “是意”《圣语藏》作“此意”。

“丘”《圣语藏》作“坵”。下同。

“按”《圣语藏》作“案”。

“歎”《圣语藏》作“嘆”。

539a 校记 3:“维摩诘所说经”六字《圣语藏》无。案:《圣语藏》实作“维摩诘经”四字。

校记 7:“复”《圣语藏》作“服”。案:《圣语藏》实作“复”。

539a 校记 12:“止”《圣语藏》作“正”。案:《圣语藏》实作“止”。

校记 14:“身”下《圣语藏》有“口”字。案:《圣语藏》实无。

校记 15:“闻说是语”下《圣语藏》有“已”字。案:《圣语藏》实作"闻是语已"。

540a 校记1:"我昔"《圣语藏》作"昔者入"。案:《圣语藏》实作"我昔"。

"而行乞"下《圣语藏》有"食"字。

540b 校记2:"想"《圣语藏》作"相"。案:《圣语藏》实作"想"。

"闻此"《圣语藏》无。

540c "此语"《圣语藏》作"此"。

"茫然"《圣语藏》作"芒然"。

541a "萤"《圣语藏》作"荧"。

"果"《圣语藏》作"菓"。

541b "免"《圣语藏》作"勉"。

541c 校记4:"即"《圣语藏》无。案:《圣语藏》实有"即"字。

校记6:"诸"《圣语藏》作"伏"。案:《圣语藏》实作"诸"。

542a "密"《圣语藏》作"蜜"。

校记3:"耶"《圣语藏》作"也"。案:《圣语藏》实作"耶"。

542b 校记5:"受记"《圣语藏》作"授记",下同。案:《圣语藏》下文实作"受记"。

《圣语藏》世尊"授记"与弥勒、众生"受记"正有区别。

542c "辨"《圣语藏》作"辩"。

校记9:"退"《圣语藏》作"怠"。案:《圣语藏》实作"退"。

543c 校记6:"善德"《圣语藏》作"善得"。案:《圣语藏》实作"善德"。

"答曰"《圣语藏》无此二字。

罗什译《维摩经》具有很高的可读性,在南北朝隋唐时期得以广泛普及，成为最受欢迎的大乘经典之一，且敦煌遗书中留下了大量的写经。虽然写本与刊本之间所存在的异文不是很多，但经文在书写、刊刻的过程中，存在或无意识间的误写、或有意识的改古从今的现象。此外值得注意的是，《大正藏》校记中有关《圣语藏》的校记错误极多，多到令人惊异的程度。《维摩经》的这些特征和上一节讨论的《法句譬喻经》的情况有所不同。

四、结论——对校订《大正藏》的几点建议

通过上面讨论的结果，《大正藏》必须再加校订这一事实无可置疑。它的主要底本《高丽藏》，现在看来已不是那么完美无缺、具有权威性的藏经。不仅是一部《高丽藏》，可能任何一部刊本大藏经都有一些缺点。因为佛经刊刻出版的时代离汉译的年代已经很远，中间多次发生误写、误刻、改古从今的现象，应该是不可避免。我们通过校勘就会发现刊本藏经之间的文字差异不是很大，而刊本和写本之间却存在着明显的、较大的、有系统的差异。这大概是因为从写本阶段到刊本阶段必须经过一次某种规范化。这种规范化反映了宋人（或宋代以后的人）的文字表达意识。因此当我们阅读刊本大藏经中的汉唐时期翻译的佛经时，不能盲目地就认为这和当年的原本一模一样。即使是唐代写经、奈良平安朝写经，当然也都是后代书写的，但如上所述，这些古写经的价值很高。作为汉语史资料而使用汉译佛经，要做严密的词汇语法研究，应当参考这些古写经资料。所谓写本与刊本之间的差异，应该不至于大幅度影响经典的内涵思想。但是做思想研究也有必要慎重解读“表达方式”。

至于该如何校订《大正藏》这一问题，我们应当重视早期的古写经。敦煌写经，就书写年代而言，保留了晋南北朝时期的

早期写卷。只是这不但为数极少，而且都是不完整的断简本。就规模而言，敦煌写经的遗留，呈现了流行大乘经典极多、小乘经典极少的现象。据不完全的统计，大约只有《大正藏》所收经典的12％。① 日本的古写本一切经，虽然其书写年代是8世纪以后，但目前经过整理有目录的8种写本一切经，都是根据《开元录》《贞元录》组成，具有5 000卷的相当大的规模。通过上述讨论，敦煌写经与日本写本一切经大致可视为刊本以前的写本系统，两者均可作为校订《大正藏》的重要校本。若进一步企图重新编定新的大藏经，底本应该是日本写本一切经，8种一切经所缺的就用房山石经或刊本大藏经作底本。这恰恰是藤枝晃先生曾经提倡过的百衲本大藏经。只是对日本写本一切经的研究尚在编成对照目录的初步阶段。全面利用8种一切经，对每一部经典进行比勘，最后集成编定新的大藏经，我们还需要一段较长时间的努力。

（本文原刊于《转型期的敦煌学》，上海古籍出版社，2007年。在撰写过程中，承蒙落合俊典先生、梶浦晋先生、丘山新先生提供宝贵资料，有关梵文资料部分承蒙丘山新先生的指导，一并表示谢忱。）

① 国际佛教学大学院大学学术创新实行委员会编《日本现存八种一切经对照目录》，2006年。此目录所编八种一切经包括《圣语藏》、金刚寺一切经、七寺一切经、石山寺一切经、兴圣寺一切经、西方寺一切经、名取新宫寺一切经、妙莲寺藏松尾社一切经。所附敦煌写卷存否部分据释禅叡编《敦煌宝藏遗书索引》著录。

唐玄宗《御注金刚般若经》的复元与研究

一、题解

《御注金刚经》，又名《御注金刚般若波罗蜜经》，佛经注疏。一卷。唐玄宗李隆基著。

唐朝是中国佛教宗派、佛教理论极为兴盛的时期。《金刚经》作为大乘佛教的重要经典，对中国佛教及诸多宗派有着广泛的影响，在民众中保持着强大的吸引力。唐玄宗李隆基是中国历代帝王中在宗教政策方面表现得比较成熟的人物。虽然就个人而言，他比较倾向于信仰道教，但为了国家的长治久安，他一方面利用国家机器的力量对儒释道三家进行控制，一方面平等对待儒释道，推行三教合一。为了表现平等对待儒释道这一姿态，他分别为三教各注释一种经典：为儒注释《孝经》，为佛注释《金刚经》，为道注释《道德经》。这也就是《御注金刚经》产生的背景。

李隆基的《御注金刚经》逐句解释《金刚经》经文，文字精练简要。与正统的佛教徒所著注疏不同，李隆基在这部《御注金刚经》中，对经文不仅有解释，而且有质疑，反映了李隆基本人对《金刚经》的学习与理解。这对我们研究唐代非佛教徒的佛教知识水平以及他们对佛教的理解与观感，提供了重要的资料。

根据《房山石经》本记载，该经于开元二十三年（735）六月三日，由都释门威仪僧思有表请，至九月十五日经出。“合城具法仪，于通洛门奉迎。其日表贺，便请颁示天下，写本入藏，宣付史官。”当时的名僧道氤特意为此《御注金刚经》撰写复疏，名为《御注金刚般若波罗蜜经宣演》。僧人为了学习《御注金刚经》及其《宣演》，还撰写了一批相关著作。这些著作，至今在敦煌遗书中仍有保存。

《御注金刚经》虽然在当时挟帝王之力，被收入大藏，甚为流行，但其后便亡佚无存。幸而在《房山石经》及敦煌遗书中尚有保存。现存《御注金刚经》的情况如下：

一、《房山石经》本，即在北京房山云居寺藏经洞第八洞（华严洞）中保存下来四块石经，名为《金刚般若波罗蜜经御注并序》。

该石碑为唐天宝元年（742）八月十五日立。四石八面，面16行，行60至66字不等，注文双行。依据吴梦麟先生报告："经注刻石虽有少部分残泐，但绝大部分完好。据统计现在尚存经注文一万三十三字，其中经文四千一百四十字，[占]原经文五千一百多字之百分之八十左右。注文五千八百九十三字（包括序和尾部题记）。"[①]

1982年，吴梦麟先生曾发表校录本《房山石经本〈唐玄宗御注金刚经〉整理记》[②]，1999年订正后收录于《房山石经研究（二）》[③]。失传已久的唐玄宗《御注金刚经》，被初次公布于世，功不可没。1987年，《房山石经题记汇编》[④]收录了《房山石经》本《御注金刚经》的题记。

据气贺泽保规编《房山石经山洞窟所藏隋唐石经一览表》[⑤]，房山云居寺石经山第六洞中另有一种《金刚般若波罗蜜

---

① 吴梦麟《房山石经本〈唐玄宗御注金刚经〉整理记》，载《世界宗教研究》，1982年第2期。

② 同上。

③ 《房山石经研究（二）》，中国佛教文化出版有限公司（香港），1999年。

④ 《房山石经题记汇编》，书目文献出版社，1987年。

⑤ 气贺泽保规编《房山石经山洞窟所藏隋唐石经一览表》，载《中国佛教石经研究——以房山云居寺石经为中心》，京都大学学术出版会，1996年。

经御注并序》,亦为一卷。但据当时中国佛学院副院长姚长寿先生的来信,第六洞所藏的实为鸠摩罗什译《金刚经》(序号101)的题记,姚长寿先生在信中肯定地说:"《御注金刚经》的本子,房山石经中现存的看来只有原藏于第8洞中的一种。"故《房山石经山洞窟所藏隋唐石经一览表》所述有误,特此说明。

笔者于1999年承蒙方广锠、姚长寿两位先生的支持与帮助,在北京法源寺得以就《房山石经》本《御注金刚经》的拓片进行调查。该拓片的图版目前已经出版,可参见中国佛教协会编《房山石经》隋唐刻经部分第三册(华夏出版社,2001年)。

二、敦煌写卷本,即现藏于英国图书馆的敦煌遗书S.2068。

该遗书首尾均残,中间存304行,前28行下半残缺。从文字量计算,大约保存《房山石经》本的80%。其书写年代约为盛唐时期(8—9世纪)。

该遗书早期曾为矢吹庆辉发现,但未能考订出即为唐玄宗《御注金刚经》,故拟名作《金刚般若经挟注》后,校录收于《大正新修大藏经》第85册,编号为第2739号。

该遗书图版可见黄永武编《敦煌宝藏》第15册(新文丰出版公司,1981年)。

三、吐鲁番出土残片,至今为止,共发现3片。

(一)现藏于德国国家图书馆,编号为第1037号,存11行,前9行上残,后2行下残,书写年代不明。图版参见梯娄编《汉文佛教文献残卷目录》第一册附录图版45(柏林,1975年)。

(二)现藏于德国国家图书馆,编号为第307号,存3行,图版见《花园大学文学部研究纪要》第36号(2004年)。

(三)现藏于日本京都国立博物馆,残片粘贴在题为《六朝以来汉番残字册》的册页中,存4行,上残。书写年代约为8世纪。

以上三种《御注金刚经》,《房山石经》本首尾完整,但每石中间部分均有残泐；敦煌遗书本首尾均缺，但中间文字清晰悦目，误衍脱倒极少；吐鲁番本虽为残片，但所存开头部分可以据补以上二本的残缺。

此次笔者在吴梦麟先生录校的基础上，重新以《房山石经》本为底本，以敦煌遗书本、吐鲁番本为参校本进行校录整理。结果复原了《房山石经》本所缺的经文 630 字、注文 1 232 字。校录整理时，还参校了《大正藏》第 2739 号、道氤《御注金刚般若波罗蜜经宣演》(敦煌遗书存 13 号，《赵城金藏》存卷五，德国吐鲁番残片有两号）和慧光《大乘开心显性顿悟真宗论》(敦煌遗书存两号）中的一些《御注金刚经》的引文。

据《房山石经》本《御注金刚经》第一面底部的题记，该本是由一位叫李大师的出家人合家捐刻的。今查《房山石经》本《御注金刚经》所引《金刚经》正文有若干错漏，应为李大师所雇的民间刻工疏失所致。本录校本依据《大正藏》本《金刚经》及日本大谷大学所藏敦煌遗书咸亨四年(673)长安宫廷写经《金刚经》(大谷余乙 26 号）对《金刚经》正文进行校勘整理。

整理本的底、校本如下：

底本：

《房山石经本》拓片。笔者所用为中国佛教协会藏原拓片。

校本：

甲本，英国图书馆藏敦煌写本 S.2068；

乙本，德国国家图书馆藏吐鲁番出土断片 1037 号；

丙本，德国国家图书馆藏吐鲁番出土断片 303 号；

丁本，日本京都国立博物馆藏《六朝以来汉番残字册》；

戊本，吴梦麟《房山石经本〈唐玄宗注金刚经〉整理记》，载吴立民主编《房山石经研究》(二)，中国佛教文化出版有限公司（香港）1999 年；

己本，麦谷邦夫《唐玄宗〈金刚般若波罗蜜经注〉正文》，载《唐玄宗〈金刚般若波罗蜜经注〉索引》，京都大学人文科学研究所附属汉字情报研究中心编《东方学资料丛刊》第 15 册，2007 年。

至于参校的《大正藏》第 2739 号、《御注金刚般若波罗蜜经宣演》、《大乘开心显性顿悟真宗论》等，一概随文说明。

二、《御注金刚经》的背景及其特色[①]

玄宗在序文中申明他注《金刚经》的直接动机："今之此注则顺乎来请。"他对张九龄贺状、请状的手敕中也有"竟依群请""僧徒固请"等语。具体的情况和时间见于题记：

> 开[元]二十三乙亥之岁六月三日，都释门威仪僧思有表请，至九月十五日经出，合城具法仪，于通洛门奉迎。其日表贺，便请颁示天下。写本入藏，宣付史官。其月十八日，于敬爱寺设斋庆赞，兼请中使、王公、宰相、百□(官)□□□□□。(校录，180 页)

《册府元龟》卷五一也有有关记载：

> [开元]二十三年九月，亲注《金刚经》及修义诀。中书令张九龄等上言："臣等伏见御注前件经及义诀，佛法宗旨，撮在此经，人间传习，多所未悟。陛下曲垂圣意，敷演微言，幽阐妙键，豁然洞达。虽臣等愚昧，本自难晓，伏览睿旨，亦既发明，是知日月既出，天下普炤，诚在此也。陛下至德法天，平分儒道，已广度其僧，又不违其愿，三教并列，万姓知归。伏望降出御文，内外传授。"帝手诏报曰："僧徒固请，欲以兴教。心有所得，辄复疏之。今请颁行，仍虑未惬。"简较释门威仪僧思有，奏曰："自像教西流，贝文东译，学传师口，凡今则多。注诀圣情，前古未有。臣请

① 对此问题，陈祚龙先生早已注意(《关于李唐玄宗御注金刚经》，载《敦煌资料考屑》，台湾商务印书馆，1979 年)，吴梦麟先生在他的《整理记》中也有提及。

具幡花奉迎，于敬爱寺设斋庆贺。其御注经，伏乞示天下。”宜(宣)付史官许之。

关于张九龄的“上言”，现据《曲江张先生集》中所收的《贺御注金刚经状》与《请御注经内外传授状》两文可知“上言”是合二状为一的。《全唐文》卷三七所收的两篇玄宗《答张九龄等贺御注金刚经批》《答张九龄请御注经内外传授批》就分别对应《贺状》和《请状》。综合这些资料，可按时间次序整理如下：玄宗《御注金刚经》在开元二十三年六月三日以前完成初稿，张九龄上《贺御注金刚经状》，玄宗御批，表明《金刚经》的思想意义，并且说明注释是受僧人的恳请而作的：

> 不坏之法，真常之性，实在此经。众为难说，且用稽合同异，疏决源流。朕位在国王，远有传法，竟依群请，以道元元，与夫《孝经》《道经》，三教无阙。岂兹秘藏，能有探详？所贺知。

此后张九龄又上《请御注经内外传授状》，玄宗御批，表示犹豫：

> 此经宗旨，先离诸相。解说者众，证以真空。僧徒固请，欲以弘教。心有所得，辄复疏之。今请颁行，虑无所益。

由于玄宗对颁示有所犹豫，于是询问释门威仪僧思有。六月三日，思有仍表请颁示天下。玄宗得到思有的称赞，决定颁行，但他要再用三个月的时间修改。九月十五日，他才允许将完成的注释颁行天下。

玄宗虽然答应僧徒的请愿注释《金刚经》，但是儒道佛各教经典的注释皆齐备，才符合他的三教合一政策。开元十年注《孝经》，二十年注《道德经》，二十三年又注《金刚经》，“三教无阙”了。

这三本经典的宗旨，对他来说都是对政治有用的。《孝经》说孝道为“百行之首”，对统治能起莫大作用；《道德经》说“无为无不为”，是最理想的政治；《金刚经》反复讲“不著相布施”的道理，说“满三千大千世界的七宝，用以布施，也不如为他人说《金刚经》的四句偈有功德”。玄宗自就帝位以来，对佛教一贯坚持压制政策。《金刚经》的这种说法反而为他的政策提供了理论根据①。他在《御注》中最用力发挥的，好像也就在这一点。

《御注金刚经》在《金刚经》注释史上有何地位，这是个大问题，还要继续研究，现在只举几个特征如下：

（一）《御注》虽然在玄宗领会僧人讲经的基础上进行注解，但在简洁厄要地解明经意的同时，也有他自己的发挥之处。《宋高僧传·道氤传》有云：

> 初，玄宗注经，至“若有人先世罪业应堕恶道”乃至“罪业则消灭”，虽提兔翰，颇见狐疑，虑贻谬解之僁，或作余师之义。遂诏氤决择经之功力，剖判是非。奏曰：“佛力经力，十圣三贤，亦不可测。陛下曩于般若会中，闻熏不一，更沉注想，自发现行。”帝于是豁然若忆畴昔，下笔不休，终无滞碍也。续宣氤造疏矣。

他对经文有所怀疑，讲经座主鼓励自己解决，于是他大胆地、不避讳地老实坦白：

> 以此敦劝持经之人尔。夫业若先定，应堕恶道。即是

① 吉川忠夫《佛在心——从〈白黑论〉到姚崇〈遗令〉》指出：开元初年玄宗对佛教（主要是对以造寺度僧为主的信仰形式）的压制政策，实际上是当时的宰相姚崇策划的；他对佛教的态度继承了张廷珪、吕元泰、辛替否等人在武后、中宗时代根据《金刚经》来反对的做法，而这些人可能深受禅宗东山法门说教的影响（京都大学人文科学研究所《中国中世的宗教与文化》，1982 年）。汤一介《唐代排佛之根据——读〈全唐文〉札记》也指出：“查《全唐文》中排佛之表疏几乎篇篇均有利用佛教之某些观点反对当时帝王之佞佛行为者。”（《中国传统文化中的儒道释》，1988 年）

> 钝根，闻必惊怖，安能信奉而读诵此经耶？若后五百岁，闻是章句，能生信心者，此人已于千万佛所，种诸善根，复若为为人轻贱乎？况此经，佛为大乘最上乘者说，皆真实不诳，不应苟劝愚人，崇信而发菩提。取相之言，将如来别有深意乎，为译经之人失其旨乎？（校录，162页）

玄宗认为此一段经文和前面所说的自相矛盾，断定为“取相之言”，连对鸠摩罗什的译经能力都表示怀疑。其实《金刚经》的此一段，诸译皆大同小异，诸多注疏只能敷演经文所说，无有一人敢说如来会说错或译经会有误。道氤《宣演》卷下引述玄宗注的话加以辩疏：

> 问：“注云：‘业若先定，应堕恶道。即是钝根，闻必惊怖。安能信奉而读诵此经耶？若后五百岁，闻是章句，能生信心者，此人已于千万佛所，种诸善根，复若为[为]人轻贱乎？’如何会释？”答：“遽旨天恳，叵难云兴。自非圣心玄鉴，何以发斯幽赜？有难而无释者，盖欲推功归论，表佛意之深微耳。今依论宗，奉宣其趣。此论五种殊胜功德，即当第五灭罪所收；彼论九种成就业因，即当第七远诸障。故长行云：‘示现远离一切诸障故。何故为人轻贱而离诸障？以有大功德故。’……”（《大正藏》第85册30c）

这是一个非常巧妙的答案。他既表扬玄宗能提出问题的高明，又赞美佛意之深微。其实他也没有对这个问题给予解释。这涉及宗教信仰的问题：只有虔信佛教的人遵从如来的教导，度过修行生活。所以道氤只是搬用讲经的老套进行讲说[①]。

---

① 这涉及《金刚经》本身包含的结构问题。《金刚经》内容前后有所重复，所说自相矛盾，令人怀疑后半系后代的增补。宋人慧洪指出：“《金刚般若经》以无住为宗。以无住为宗，则宜其所谈皆荡相破有，纤尘不立也。而经赞福胜半之。持戒修福者有为事耳，而世尊答：能于此经生信者必此人，何也？”（《林间录》卷下）

（二）《御注》讲解《金刚经》经文时，喜欢引用《老》《庄》理解经意。这是格义的传统方法。例如：

夫以般若知破，烦恼障尽；般若智存，斯有余也。若能遣之又遣，空法亦空，一切皆如，离涅槃相，湛然圆寂，故曰无余。（校录，138 页）

知无有我，亦无无我，遣之又遣，深入菩提，故知一切法无我也。（校录，177 页）

夫筏以投岸，筌以取鱼；得鱼忘筌，到岸舍筏。（校录，142 页）

言者在意，得意而忘言。（校录，173 页）

有虚有实，约教以示人；无实无虚，两忘而自化。（校录，158 页）

前云非心名心，借常心以破妄；此云心不可得，又遣破妄之常。然不将不迎，应而无主。万境咸入，我用不疲。（校录，171 页）

将令深趣涅槃，必依声色之外。故以色声求法，是人甚好径，焉得见如来？（校录，176 页）

般若正智，喻如金刚，破烦恼障，了出中道，渡贪爱流，超到彼岸。（校录，151 页）

梦中占梦，岂有相耶？（校录，180 页）

随迎不得其先后。（校录，178 页）

（三）铃木大拙指出的所谓《金刚经》的"即非逻辑"，《御注》则具体就经文解明其内部逻辑。这是当代日本佛学的问题，兹且不论。

三、《御注》对后世的影响

《御注》公布后，在洛阳敬爱寺举行了设斋供养等庆祝活动，以后还有各方面的影响。《贞元新定释教目录》卷一四云：

时圣上万枢之暇注《金刚经》，至二十三年著述功毕。释门请立般若台，二十七年其功竟。僧等建百座道场。七月上陈墨制。依许八月十日安国寺开经：九日暮间西明齐集，十日迎赴安国道场讲御注经及《仁王般若》。（《大正藏》第 55 册，878c）

《御注》序末尾说：

□文关事迹，理涉名数，注中粗举而未尽明，及经中梵音应须翻译者，并详诸义诀云。（校录，136 页）

《册府元龟》也有"（开元）二十三年，亲注《金刚经》及修义诀"的记载。所谓"义诀"大概指道氤《御注金刚般若波罗蜜经宣演》的底稿。《宋高僧传·道氤传》所云"续宣氤造疏矣"的《御注金刚经疏》六卷，是"四海响风，学徒鳞萃，于青龙寺执新疏，听者数盈千计。至于西明、崇福二寺，讲堂悉用香泥，筑自水际至于土面，庄严之盛，京中甲焉"。《宣演》因于青龙寺撰成，被称为《青龙疏》受到重视。这种形式和"玄宗自注《孝经》，诏（元）行冲为疏"（《唐书·儒学下元行冲传》）、"亲注《老子》并修疏义八卷"（《册府元龟》卷五三）如出一辙。

《宋高僧传·玄俨传》记载玄俨也对《御注》作《金刚义疏》七卷：

开元二十四年，帝亲注《金刚般若经》，诏颁天下，普令宣讲。都督河南元彦冲躬请玄俨重光圣日，遂阐扬幽赞，允合天心，令盲者见日月之光，聋者闻雷霆之响，俨之演畅，盖有力焉。

但玄俨所作义疏已失传，仅见于《东域传灯目录》。

又据《俄藏敦煌文献》所收 Dx2881、2882 号《开元廿九年二月九日授得菩萨戒牒》得知沙州敦煌县大云寺举行授菩萨戒仪式，由大安国寺法师讲《御注金刚经》。兹校录如下：

Dx2881、2882《开元廿九年二月九日授得菩萨戒牒》

（前缺）

□菩萨戒□□□

□乌波斯迦□

□不发出离之心，恐还□

阎浮□□□□□□唐国沙州燉煌县大云寺僧伽□□□

大安国寺法师讲　御注金刚经、法华、梵网经，清净道场，

听法二七□，然后□诲四重五逆十恶、谤方等经、一切诸

罪，今对十方诸佛一切贤圣，天曹地府，善恶部官，阎罗

大王，怨家债主，负财负命，□□道眼证明，令得罪鄣消

灭，授得金刚大德□□□□菩萨戒品具足，任为公验，请

乞大乘六念，谨牒。

第一念佛　第二念法　第三念僧　第四念戒　第五念舍

第六念天

开元廿九年二月九日授得菩萨戒

传菩萨戒和尚沙门释□□

授菩萨戒同学伴侣十方诸大菩萨

证菩萨戒师　十方诸佛

教授阿阇梨　当来弥勒菩萨

达磨阿阇梨　释迦牟尼佛

授菩萨戒和尚　卢舍那佛

□有众多善男子、善女人等，今□我所求受菩萨戒，

谓摄律仪戒，誓断一切恶；

摄善法戒，誓求无上菩提；饶益有情戒，誓度法戒（界）

众生，

是诸佛三聚净戒。过去诸佛菩萨,已受已学已成佛竟;未来菩萨,当受当学当作;现今菩萨,今□□□时学即拟行,当来作佛。如(汝)等善男子、善女人等,能持不?
能持。于后如法修行,莫放逸。

敦煌发现的诸多授菩萨戒牒中,具有讲经记录的较为罕见。

道氤《宣演》卷上说:

> 既而雄都上京,刊勒金石,溥天率土,班宣句味。洗生灵之耳目,裂魔著之笼樊,旷劫未逢,今兹何幸!(《大正藏》第85册,9a页)

全国各地广为刊刻《御注》的石经,天宝元年(742)的房山石经本就是其中之一,《金石录》卷七著录的《唐明皇注金刚经》(八分书,无姓名)也是其例。

长安大宁坊兴唐寺有御注金刚经院,安置《御注》供养。唐朱景玄《唐朝名画录·神品上》"吴道玄"条:

> 又按《两京耆旧传》云:"寺观之中,图画墙壁,凡三百余间,变相人物,奇踪异状,无有同者。上都唐兴寺(案:当为兴唐寺)御注金刚经院,妙迹为多,兼自题经文。"

吴道子自身"常持《金刚经》,自识本身",画《金刚经变》于寺里净土院(《历代名画记》卷三)。"明皇御容"也在此。

《御注》公布的当时,立即收入藏经,全国各地刻经讲经,广泛流行。敦煌遗书《持诵金刚经灵验功德记》(P.2094)记录19条灵验故事后,还载一首80句的《开元皇帝赞金刚经功德》:

> 金刚一卷重须弥,所以我皇偏受持。八万法门皆了达,惠眼他心逾得知。比日谈歌是旧曲,听取金刚般若词。

开元皇帝亲自注，至心顶礼莫生疑。……（《大正藏》第85册159a）

敦煌歌辞《皇帝感·新集〈孝经〉十八章》：

历代以来无此帝，三教内外总宣扬。先注《孝经》教天下，又注《老子》及《金刚》。（任半塘《敦煌歌辞总编》中册，734页）

可是宋代以后的历代大藏经均未收《御注》，除了《新唐书·艺文志》以外，著录《御注》的也只不过下列三种边境和域外的经录：

《三界寺见一切入藏经目录》（未详年代，方广锠《敦煌佛教经录辑校》下册，923、937页）

《惠运禅师将来教法目录》（847年，《大正藏》第55册1088a页）

《东域传灯目录》（1094年，《大正藏》第55册1147c页）

虽然西至敦煌、吐鲁番，东至日本，《御注》流传甚广，但是直到20世纪再次发现其文本的遗留以前，一直湮没无闻。至于其长期被忘记不顾的原因，笔者推想主要在于《御注》注释中的破格性。注不破经是注释经典的原则。玄宗对《金刚经》大胆地提出怀疑则是他的独创性，但正因如此，唐朝灭亡以后对王朝的推崇消亡，《御注》也可能随之被忘却了。

最后还要提一提《御注》和禅宗的关系。一般认为玄宗在禅宗南宗推崇《金刚经》的影响下（或者利用禅宗南宗的影响）训释此经。禅宗六祖慧能（638—713）在岭南听人诵《金刚经》有所觉悟的传说，实际上到荷泽神会（684—758）没后成书的敦煌本《六祖坛经》中才出现。神会推崇《金刚经》是事实，但在玄宗注释《金刚经》的开元二十二、二十三年的时候，他说教的影响还很小。[①]《金刚经》在唐初就广泛流行，唐高祖也曾经在国学“命徐文远讲《孝经》，僧惠乘讲《金刚经》，道士刘进嘉讲《老子》，诏刘德明与之辩论”[②]，这说明早已以《金刚经》代表佛经。值得注意的是，神会竭力贬斥为“北宗”的普寂之师神秀（？—706）所作的《观心论》[③]中有和《御注》一脉相承的说法。他主张“观心”引述《金刚经》说：

> 故经曰：“凡所有相，皆是虚妄。”又云：“若以色见我，以音声求我，是人行邪道，不能见如来。”以此观之，乃知事相非真正也。……窃见今时浅识，唯执事相为功，广费财宝，多损水陆，妄营像塔，虚役人夫；积木叠泥，图丹画绿；倾心尽力，损己迷他。未解惭愧，何曾觉悟？见[于]有为，勤勤执着；说于无相，兀兀如迷。且贪目下之小慈，不觉当来之大苦。此之修学，徒自疲劳，背正归邪，谁言获福？

神秀根据《金刚经》反对当时广泛流行的以造寺造像为主的信仰形式。他还对铸写形象、烧香散花等功德作独特的解释来批评拘于有相供养的人：

> 又烧香者，亦非世间有相之香，乃是无为正法香也。薰诸臭秽无明恶业，悉令消灭。其正法香有五种体……如

---

① 神会思想的三种主要资料《南阳和上顿悟解脱禅门直了性坛语》《菩提达摩南宗定是非论》《南阳和尚问答杂征义》中均可以看出他对《金刚经》的重视，但他极力发挥受持《金刚经》的功德并热心劝人受持《金刚经》（《定是非论》第23—31节、石井本《杂征义》六代传记），显然和他平时的说法有异，且这和玄宗《御注》的看法恰恰相反。伊吹敦先生说这些部分均属后代的增补（《〈金刚经〉在早期禅宗》，收于阿部慈园编《〈金刚般若经〉的思想史研究》，春秋社，1999年），我也同意这个看法。

② 见《大唐新语·褒锡》。此有异传：《佛祖统纪》卷三九系于武德七年：“命沙门慧乘讲《心经》。”案：玄奘译《心经》于贞观二三年（649），慧乘无法于武德七年（624）讲此经。

③ 田中良昭校本《〈菩萨总持法〉与〈观心论〉》（二），收于《驹泽大学佛教学部研究纪要》44，1986年。

是五者香，世间无比。佛在世日，令诸弟子以智惠火烧如是无价宝香，供养一切诸佛。今时众生，愚痴钝根，不解如来真实之义，唯将外火烧世间沉檀薰陆质碍之香，希望福报，云何可得？

玄宗很可能受到神秀这种解释的启发，对《金刚经》的"须菩提，在在处处，若有此经，一切世间天人阿修罗所应供养。当知此处，则为是塔，皆应恭敬，作礼围绕，以诸华香而散其处"一段下了如此注解：

此经示人诸佛无上正遍知。道塔者，诸佛遗像之所在也。了义当趣菩提，闻经即如见佛。故是经所在之处，同于塔庙遗像。故天人修罗所应供养，作礼围绕，示尊敬之意；花香散洒，表净信之心。非谓求悟于香花，解空于罄折也。（校录，161 页）

神秀、普寂一系在武后、中宗、玄宗时代的王侯贵显之间影响较大，玄宗也很可能受到《观心论》的影响。而《御注金刚经》一出，又影响了禅宗。《大乘开心显性顿悟真宗论》[①]从第 22 至第 26 节解释《金刚经》经文，其中三节则直接依用《御注》，只是未说《御注》之名，如第 24 节：

① 田中良昭校本(《校注和译〈大乘开心显性顿悟真宗论〉》，《松冈文库研究年报》三，1989)。《顿悟真宗论》是利用《顿悟真宗金刚般若修行达彼岸法门要决》《大乘无生方便门》《观心论》《楞伽师资记》等资料来重新编成的托名伪作。现在还可以补充两种材料。其一是《唐玄宗御注金刚经》。因此《真宗论》的成立年代必在开元二十三年以后。其二是 P.2039《大乘起世论》。《藏外佛教文献》第三辑(1997)收录有方广锠先生的校录。《真宗论》第 6—15 节和《起世论》57 页 11 行—63 页 14 行完全相同。《起世论》的此大段，与前后都彼此联系，而《真宗论》的第 10 节可以独立，可见《真宗论》利用了《起世论》。另外还有《起世论》的残卷，即上海图书馆藏敦煌卷子 138 号(背面)，首缺，大约存三分之二，无尾题而抄九条佛经(西口芳男《上图一三八 V 佛教问答与〈顿悟真宗论〉》，收于《禅文化研究所纪要》25，2000 年)。

问曰："经云：'如来度众生'此义云何？"答曰："汝自了众生正性本来清净。六根起相，烦恼病生。观生本空，有何可度？是故若言如来度者，即着我人众生寿者。"

总之，《御注》和禅宗的影响关系是：禅宗一直重视《金刚经》，玄宗可能在"北宗"神秀《观心论》的启发下作《御注》，然后《御注》再影响到"南宗"文献《顿悟真宗论》。

图 1 《金刚般若波罗蜜经》(御注并序)

八洞五三
房山石经本拓片(中国佛教协会、中国佛教图书文物馆编《房山石经》隋唐刻经第三册所收影印本,华夏出版社,2000 年)

图 2　S.2068《金刚经注》

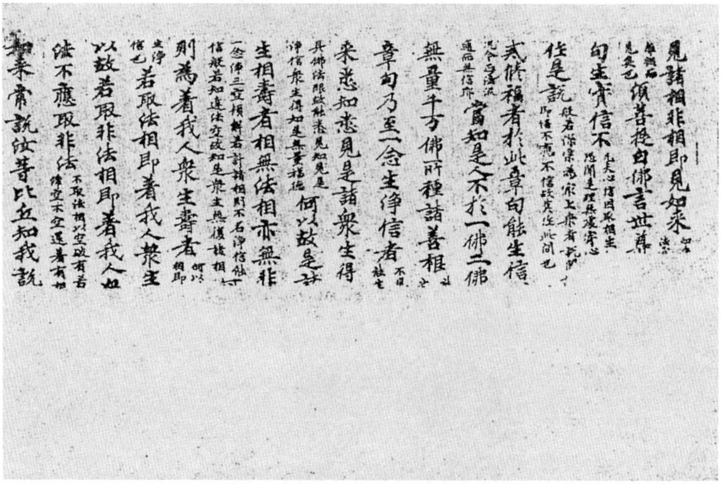
見諸相非相即見如來
須菩提白佛言世尊
句生實信不
作是說
戒修福者於此章句能生信
當知是人不於一佛二佛
無量千万佛所種諸善根
章句乃至一念生淨信者
來悉知悉見是諸衆生得
何以故是諸
生相壽者相無法相亦無非
則為著我人衆生壽者
若取法相即著我人衆生
以故若取非法相即著我人如
法不應取非法
如來常說汝等比丘知我說

英国图书馆藏敦煌写本 S. 2068(黄永武编《敦煌宝藏》第 15 册所收影印本,新文丰出版公司,1981 年)

图 3

Gerhard Schumitt. Thomas Thilo, *Katalog chinesischer buddhistischer Textfragmente* Band 1, AKADEMIE-VERLAG. BERLIN, 1975. Tafel 32, Abb. 45 Ch. 1037.

图 4

Ch. 303.

唐玄宗《御注金刚般若波罗蜜经》校录凡例

一、经文、注文并据房山石经拓片校录。石经本残泐不清者，据英藏敦煌写卷及德藏吐鲁番断片补录。经文中房山石经本、敦煌本、吐鲁番本均阙者，据道氤《御注金刚般若波罗蜜经宣演》及大谷大学藏敦煌写本（长安宫廷写经之一）等补入，并加括号。注文中有阙字，亦用括号表示残泐。

二、凡底本文字有误衍脱倒者，改正底本，并出校记，予以说明。

三、底本、参校本、校录本、参考本等如下：

底本　房山石经本拓片（中国佛教协会藏、中国佛教协会编《房山石经》隋唐刻经第三册所收影印本，华夏出版社，2001年）

参校本(1)　英国图书馆藏敦煌写本S.2068（黄永武编《敦煌宝藏》第15册所收影印本，新文丰出版公司，1981年）

(2)　德国国家图书馆藏吐鲁番出土断片1037号（梯娄编《汉文佛教文献残卷目录》第1册附录图版45，柏林，1975年）及303号

校录本(1)　吴梦麟《房山石经本〈唐玄宗注金刚经〉整理记》（吴立民主编《房山石经研究（二）》，中国佛教文化出版有限公司，香港，1999年）

(2)　《金刚般若经挟注》（《大正新修大藏经》第85册）

(3)　北京图书馆金石组、中国佛教图书文物馆石经组编《房山石经题记汇编》（书目文献出版社，1987年）

参考本(1)　道氤《御注金刚般若波罗蜜经宣演》（《大正新修大藏经》第85册）

(2)　慧光《大乘开心显性顿悟真宗论》（田中良昭《校注和译〈大乘开心显性顿悟真宗论〉》，《松冈文库研究年报》第3号，

1989 年）

（3） 大谷大学藏敦煌写本余乙 26 号《金刚般若波罗蜜经》（野上俊静编《大谷大学所藏敦煌古写经》第 2 册，1965 年）

（4） 《唐玄宗御注道德真经》（今枝二郎《道德真経玄宗御注本について》1～4，《中国古典研究》第 15～第 18 号，1967～1971 年）

（5） 《楞伽阿跋多罗宝经》（《大正新修大藏经》第 16 册）

（6） 《中论》（《大正新修大藏经》第 30 册）

【补注】

唐玄宗《御注金刚般若经》大概宋以后就失传了，但没有确切材料证明。最近我从宋人笔记中找到了一条线索：

> 唐明皇注《孝经》《道德经》《金刚经》。张曲江有贺状云："陛下至德法天，平分儒术，道已广其家，僧又不违其愿。三教并列，万姓知归。"今《孝经》盛行，《道德经》亦有石刻，唯《金刚经》罕见于世也。（庄绰《鸡肋编》卷中，《唐宋史料笔记丛刊》，中华书局）

《鸡肋编》庄绰自序写于绍兴三年（1233），说他没有看到唐明皇注《金刚经》，可见《御注》失传于南北宋之交。

（本文原刊于《新世纪敦煌学论集》，巴蜀书社，2003 年。）

附录:《御注金刚般若经》校录

金刚般若波罗蜜经注序

御注并序

述作者,明圣之能事也。朕诚寡薄,岂宜空为好古,窃比前□□□□□□□□□□徒自为矜饰?盖欲弘奖风教尔。昔岁述《孝经》以为百行之首,故深覃要旨,冀阐微言,不唯先王至德,实谓君子务本。近又赞《道德》,伏知圣祖,垂教著经,□□□□□□□□□□禀训。况道家[①]使人精神专一,动合无为。凡有以理天下之二经,故不可阙也。今之此注,则顺乎来请。夫众窍互作,鼓之者风也;柤梨相殊,可口者味也。苟在□□□□□□□□□将助我者,何间然乎!且圣人设教以尽理,因言以成教。悟教则言可忘,得理而教可遗。同乎大通者,虽分门而一致;攻乎异端者,将易性于多方。谅□□□□□□□□□□□[②]在乎?不着人我,不住福德,忘心于三伐,闭境于六尘,以音声求,如梦幻法。故发菩提者,趣于中道,习无漏者,名为入流。将会如如,故须遣遣,□然三□□□□□□□□□同证,皆众妙门,可不美欤!可不美欤!□[③]文关事迹,理[④]涉名数,注中粗举而未尽明,及经中梵音应须翻译者,并详诸义诀云。

---

① “家”,戊本作“象”,据己本改。

② “□”,戊本作“意”。

③ “□”,底本不清。可辨认出草字头,戊本作“若”。

④ “理”,乙本自此始。

金刚般若波罗蜜经

金刚真宝，能碎坚积；般若正智，能破烦恼[①]。无住无取，证波罗而舍筏；即色即空，契菩提于中道。如是降[②]伏，可以称常。

如是我闻：一时佛在舍卫国祇树给孤独园。

如是胜法，我闻。此一会之时，在舍卫国。祇陀施树，须达买园，庄严道场，如是说法。

与大比丘众千二百五十人俱。

上果乞士，其数若斯，随佛经行，得预今会。

尔时，世尊食时，着衣持钵，入舍卫大城乞食[③]。

斋食之时，将行求[④]食，是以具服入城，持钵[⑤]而乞。

于其[⑥]城中，次第乞已，还至本处。饭食讫，收衣钵，洗足已，敷座而坐。

徒跣而行，故洗足；将欲说法，故敷座。

时长老须菩提，在大众中，即从座起，偏袒右肩，右膝箸地，合掌恭敬，而白佛言。

□……□解空□……□□[⑦]□……□明□……□。

---

① “金……烦恼”十六字，底本不清，据乙本及道氤《御注金刚般若波罗蜜经宣演叙》录文。

② “而……降”十六字，底本不清，据乙本及道氤《御注金刚般若波罗蜜经宣演叙》补。

③ “卫……食”五字，底本不清，据乙本补。

④ “斋……求”七字，底本不清，据乙本补。

⑤ “以……钵”七字，底本不清，据乙本补。

⑥ “其”，乙本至此至。

⑦ “□”，底本不清，戊本作“起”。

希有，世尊。如来善护念诸菩萨，善付嘱诸菩萨。

> 护持念恤，成熟[①]根性，付托嘱授，宣通法音，功力如斯，实为希有。

世尊，善男子、善女人，发阿耨多罗三藐三菩提心，应云何住？云何降伏其心？

> 前叹护□□□□□之心咨□□□□□。

佛言：善哉！善哉！须菩提，如汝所说，如来善护念诸菩萨，善付嘱诸菩萨。汝今谛听，当为汝说：善男子、善女人，发阿耨多罗三藐三菩提心，应如是住，如是降伏其心。

> □□□□□哉。□□□□□光标□□□□。

唯然，世尊。愿乐欲闻。

> 受敕谛听，故云“唯然”；深好法音，故云“愿乐”。

佛告须菩提：诸菩萨摩诃萨，应如是降伏其心：所有一切众生之类，若卵生、若胎生、若湿生、若化生、若有色、若无色、若有想、若无想、若非有想、若非无想，我皆令人无余涅槃而灭度之。

> 卵胎湿化，依四缘生。有色无色，依有无生。有想无想，依境界生。若非有想、若非无想，依粗细观生。如是众缘，皆非中道。故我以般若正观，皆令悟入圆寂常乐，则灭尽苦趣，超度爱流。夫以般若智破，烦恼障尽；般若智存，斯有余也。若能遣之又遣，空法亦空，一切皆如，离涅槃相，湛常圆寂，故曰无余。

如是灭度无量无数无边众生，实无众生得灭度者。

> 众生性本，本来寂灭，妄心取相，开此万缘。今但灭妄

① “熟”底本作“孰”，据文意改。

心，令照性本尔。岂复别有众生受灭度耶？

何以故？若菩萨有我相、人相、众生相、寿者相，即非菩萨。

般若正智，无颠倒心。计有我人，即非菩萨。未悟求悟，故云令入。入则无余，谁云灭度？

复次，须菩提，菩萨于法，应无所住，行于布施。所谓不住色布施，不住声香味触法布施。

此以法空答前住义。诸法无相，不应取著，故菩萨于法无所住心。六度检行，六尘摄境，二法空须，三施自忘，则不舍之檀[①]于群有矣。

须菩提，菩萨应如是布施，不住于相。

应如前义，离六尘，忘二相也。

何以故？若菩萨不住相布施，其福德不可思量。

菩提之因，无住之施，□福平等，有如虚空，故叵量□也。

须菩提，于意云何？

佛言：如是之义，于汝意谓以为云何？

东方虚空，可思量不？不也，世尊。须菩提，南西北方，四维上下，虚空可思量不？不也，世尊。

无住之施，其福甚多。借喻虚空，将以推校。

须菩提，菩萨无住相布施，福德亦复如是不可思量。

福施无相，是名无住。无住之施，福如虚空。虚空既不可量，则无住之施亦不可思量也。

① “檀”，底本作“壇”，据文意改。

须菩提，但应如所教住。

所教，即上不住相等教也。前问应云何住，答云于法住，即明菩萨住无所住。但依无所住，即是如所教住也。

须菩提，于意云何？可以身相见如来不？

前明所住，启发□□□法□辩证因[①]□。

不也，世尊。不可以身相得见如来。何以故？如来所说身相，即非身相。

身相生灭，是众生见。法身疑[②]寂，本无去来。众生见者，悉皆虚妄，所说身相，皆为众生。妄见既除，法身非相。

佛告须菩提，凡所有相，皆是虚妄。若见诸[③]相非相，即见如来。

如来法身，无生灭相，见有生灭，从虚妄生。若能悟法空性，等无生灭，凡见诸相，皆非真实，则圆寂法身，离相而见矣[④]。

须菩提白佛言：世尊，颇有众生得闻如是言说章句，生实信不？

凡夫心信，因取相生。般若深宗，极无□[⑤]□[⑥]。恐闻是理，无处寄心，将释此疑，故□□□。

佛告须菩提，莫作是说。

般若深宗[⑦]，为最上乘者说，闻说即[⑧]悟，不应[⑨]不信，

---

① "因"，底本不清，据己本补。
② "疑"，当作"凝"。
③ "见诸"，底本不清，据甲本补。甲本自此始。
④ "矣"，甲本作"矣也"。此类异同，以下不再出校。
⑤ "□"，底本不清。戊本作"相"。
⑥ "□"，底本不清。己本作"理"。
⑦ "般若深宗"，底本不清，戊本作"河谷深空"，据甲本补。
⑧ "即"，底本不清，据甲本补。
⑨ "应"，底本不清，据甲本补。

故莫作此问也。

如来灭后，后五百岁，有持戒修福者，于此章句，能生信心，以此为实。

后五百岁，像法之中，具戒福者，于此能信。况今正法流通，而无信耶！

当知是人，不于一佛二佛三四五佛而种善根，已于无量千万佛所，种诸善根。

能信深法，必借宿因，故知是能信之人，所种善根，非正一佛二佛也。

闻是章句，乃至一念，生净信者。

不见信相，是名净信。持福能生信心，惠解能无见相。

须菩提，如来悉知悉见是诸众生得如是无量福德。

□□□般若智□……□具佛法眼，故[①]能悉见。知[②]见是净信，众生得如是无量[③]福德。

何以故？是诸众生，无复我相、人相、众生相、寿者相，无法相亦无非法相。

无我相者，以达人空；无法相者，以达法空；无非法相者，以达空空。一念净信[④]，三空顿解。若计诸相，则不名净信。能信般若，知达法空。故知是众生无复诸相也。

何以故？是诸众生，若心取相，则为著我人众[⑤]生寿者。

---

① "具……故"五字，底本不清，据甲本补。
② "悉见知"三字，底本不清，据甲本补。
③ "净……量"九字，底本不清，据甲本补。
④ "信"，甲本无。
⑤ "则……众"六字，底本不清，据甲本补。

何以[①]故[②]？此诸众生应不取相者，若心起念取相，即□□我人。计有我人，非达般若，则不能生净信。

若取法相，即著我人众生寿者。

若取诸法，计五聚荫，即于此身，还生我相。

何以故？若取非法相，即著我人众生寿者，是故不应取法[③]，不应取非法。

不取法相，以空破有。若□……□滞[④]空不空，还著[⑤]有相，故不应□……□法。

以是义故，如来常说：汝等比丘，知我说法，如筏喻者，法尚应舍，何况非法？

以是不取于相，故如来常说。说无所说，岂取相耶？故汝等比丘知我所说法，本破于有。若知有不有，遂悟于空无取，是名达解。夫筏以投岸，筌以取鱼，得鱼忘[⑥]筌，到[⑦]岸舍筏。故大圣说空，以破诸见。诸见[⑧]既除，空法亦尽。况非空法，其可□[⑨]乎？

须菩提，于意云何？如来得阿耨多[⑩]罗三藐三菩提耶？如来有所说法耶？

前令舍法，遣彼两偏，则佛于菩提，如何独得而为人说

---

① "何以"，底本不清，据甲本补。
② "故"，底本不清，据文意补。
③ "不应取法"，底本无，甲本作"法"，据《大正藏》本补。
④ "滞"，底本不清，据甲本补。
⑤ "著"，底本不清，据甲本补。
⑥ "忘"字，底本作"妄"，据甲本改。
⑦ "到"，丙本自此始。较小残片，不注结尾。
⑧ "见"，底本作"法"，据甲、丙本改。
⑨ "□"，底本不清，戊本作"留"。
⑩ "何……多"七字，底本不清，据甲、丙本补。

法耶?

须菩提言:如我解佛所说义,无有定法名阿耨多罗三藐三菩提,亦无有定法如来可说。

无上正道[①],寂然无体,无相空□……□[②]经□……□悟。佛得菩提,已悟则无佛[③]□……□。

何以故?如来所说法,皆不可取,不可说,非法非非法。

如来所说妙法,本为众生。离相故不可取,离言故不可说。而妙契圆证,则未尝不取,未尝不说。非法则不有,非非则不无。不有不无,离诸言相,故无定法名耨多罗。

所以者何?

所以佛尝[④]说法而无定法可说者何?

一切贤圣,皆以无为法而有差别。

无为法中,本无差别。三乘[⑤]贤圣,根识不同;一音演说,浅深随分。未悟则量病授药,故常说法;已[⑥]悟则药病皆除,无法可说。

须菩提,于意云何?若人满三千大千世界七宝,以用布施。

将欲校量持经之功,故举若人财宝之施,以明章句理实非虚。

是人所得福德,宁为多不?须菩提言:甚多,世尊。

---

① "正道",底本不清,据甲本补。
② "□……□",己本作"□默□……□"。
③ "悟……佛"十字,底本不清,据甲本补。
④ "尝(嘗)",甲本作"當"。
⑤ "无……乘"十字,底本不清,据甲本补。
⑥ "则……已"十字,底本不清,据甲本补。

七宝珍异，三千皆满[①]，无性之福，施广增多[②]。

何以故？是福德即非福德性，是故如来说福德多。

所以施广而福多，由非福德性故。若是福德性，则不应宝多而福多。只由无性之福假外缘，是故如来说福德。

若复有人，于此经中，受持乃至四句偈等，为他人说，其福胜彼。

财施之福，非福德性。福虽因施，不趣菩提。持经之功[③]，句偈虽少，能令众生除烦恼障，是真福德，故胜于[④]彼[⑤]。

何以故？须菩提，一切诸佛及诸佛阿耨多罗三藐三菩提法，皆从此经出。

般若正智，圆照无碍；无上正道，因是发明。诸佛[⑥]始则自修，终以化物，利济弘远，何莫由斯？

须菩提，所谓佛法者[⑦]，即非佛法。

法无自性，证则弥同，因教悟空，故称佛法[⑧]。空[⑨]由[⑩]

---

① "珍……满"六字，底本不清，据甲本补。
② "之……多"六字，底本不清，据甲本补。
③ "福……功"十二字，底本不清，据甲本补。
④ "生……于"十二字，底本不清，据甲本补。
⑤ 明朱棣《金刚经集注》引玄宗皇帝注作"三千七宝虽多，用尽还归正灭；四句经文虽少，悟之直至菩提"。
⑥ "佛"，丁本自此始。较小残片，不注结尾。
⑦ "者"，甲本无。
⑧ "空……法"五字，底本不清，据甲本补。
⑨ "空"，底本不清，甲本无，据丁本补。
⑩ "由"，底本不清，据甲、丁本补。

教立，悟不滞空。直论无法可非，岂但即非佛法[①]？

须菩提，于意云何？须陀洹能作是念：我得须陀洹果不？

修习无漏，证无漏果，悟无所得，名须陀洹。借小乘之无我，明般若之忘相。

须菩提言：不也，世尊。

是人不起得果之念。

何以故？须陀洹名为入流，而无所入。不入色声香味触法，是名[②]须陀洹。

习无漏果，则名入道流。不取果相，故无流[③]可入。岂以忘相而无道流可入？复于有我而入声色六尘耶？

须菩提，于意云何？斯陀含能作是念：我得斯陀含果不？

断欲界思惟，得人我空相。证果之时，有斯念不？

须菩提言：不也，世尊。

是人不起得果之[④]念。

何以故？斯陀含名一往来，而实无往来，是名斯陀含。

尽天人趣，获往来生。一斯往来，则明所得果。不取果相，故实无往来。若见一往来果，是生我慢，则非斯陀含也。

须菩提，于意云何？阿那含能作是念：我得阿那含果不？

断欲界思尽，更不复来。证果之时，有斯念不？

---

① “非……法”七字，底本不清，据甲本补。
② “香……名”六字，底本不清，据甲本补。
③ “流”，底本作“流故”，据甲本删。
④ “之”，戊本脱。

须菩提言：不也，世尊。

是人不起得果之念[①]。

何以故？阿那含[②]名为不来，而实无来，是故名阿那含。

达无人我，不复还来，故名不来。人法二空，无取住相，故实无来。即阿那含，而具斯义。

须菩提，于意云何？阿罗汉能作是念：我得阿罗汉道不？

修习智慧，断除烦恼。证果之时，有是念不？

须菩提言：不也，世尊。

是人不起得果之念[③]。

何以故？实[④]无有[⑤]法，名阿罗汉。

以断烦恼，名阿罗汉。烦恼性空，断无所断。悟无所断，岂复别有阿罗汉耶？

世尊，若阿罗汉作是念：我得阿罗汉道，即为著我人众生寿者[⑥]。

若取果相，即计有我。于我不忘诸相，咸著相受报，众恼皆生。取相受生，岂名罗汉[⑦]。

世尊，佛说我得无诤三[⑧]昧，人中最为第一，是第一离欲阿罗汉。

---

① “人……念”七字，底本不清，据甲本补。
② “何……含”六字，底本不清，据甲本补。
③ “是……念”八字，底本不清，戊本缺，据甲本补。
④ “何……实”四字，底本不清，据甲本补。
⑤ “有”，底本无，据甲本补。
⑥ “汉……者”十九字，底本不清，据甲本补。
⑦ “若……汉”三十一字，底本不清，戊本缺，据甲本补。
⑧ “世……三”九字，底本不清，据甲本补。

善吉乐阿兰行，得三昧定，深入观①，不相违诤。凡诸人中，最为超胜，故②云第一。三界烦恼，逐境受③累，是名为④欲。如是悉离，故亦云第一。

我不作是念：我是离欲阿罗⑤汉。

我于尔时，曾不起念云：有欲可离，有果可得⑥。

世尊，我若作是念：我得阿罗汉道。世尊则不⑦说：须菩提是乐阿兰那行者。

我若起念，计有得果，获离欲道，即成著⑧我。违无诤⑨行，则世尊不应说我是乐阿兰那。

以须菩提实无所行，而名须菩提是乐阿兰那行。

于行无行，是了空相⑩。

佛告须菩提：于意云何？如来昔在然灯佛所，于法有所⑪得不？

将明菩萨亦悟于空。故⑫却问：我昔为菩萨，于然灯佛所，受记⑬菩提。当尔之时，见有菩提法可得不？

世尊，如来昔在然灯佛所，于法实无所得。

---

① “观”下，原空一字。
② “善……故”二十六字，底本不清，据甲本补。
③ “受”，底本作“爱”，据文意改。
④ “一……为”十二字，底本不清，据甲本补。
⑤ “我……罗”十一字，底本不清，戊本缺，据甲本补。
⑥ “我……得”十七字，底本不清，戊本缺，据甲本补。
⑦ “世……不”十七字，底本不清，据甲本补。
⑧ “道……著”四字，底本不清，据甲本补。
⑨ “诤”，底本作“净”，据甲本改。
⑩ “行……相”九字，底本不清，据甲本补。
⑪ “佛……所”二十一字，底本不清，据甲本补。
⑫ “故”，底本不清，据甲本补。
⑬ “记”，底本不清，据甲本补。

悟法性[①]空，得无生忍。勤行般若，胜果则曰菩提。深入正观，诸佛由之授记。

须菩提，于意云何？菩萨庄[②]严佛土[③]不？

菩萨修持净土行业，见有净土[④]可庄严不？

不也，世尊。何以故？庄严[⑤]佛土者，即非[⑥]庄严，是名庄严。

万行不常，毕竟空寂，示[⑦]有修习，假名庄严。国土本空，无庄严相。能了无相，即以是庄严故，是名庄严。

是故须菩提，菩萨摩诃萨，应如是生清净心。不应住[⑧]色生心，不应住声香[⑨]味触法生心。

是以修习者故不取庄严之相，应[⑩]如是生毕竟[⑪]空寂心。是心清净，故不住于色及声香等[⑫]。若于是法而生心者，即非清[⑬]净心。所证之果[⑭]，非毕竟果，故不应如是。

应无所住而生其心。

知色相空，心无所住，故于无所住[⑮]，生清净心。虽假

① "性"，底本作"心"，据甲本改。
② "云……庄"五字，底本不清，据甲本补。
③ "土"字，底本不清，据甲本补。
④ "菩……土"十二字，底本不清，据甲本补。
⑤ "尊……严"六字，底本不清，据甲本补。
⑥ "非"字，底本不清，据甲本补。
⑦ "示"字，《大正藏》本误作"亦"。
⑧ "住"，底本不清，据甲本补。
⑨ "住声香"三字，底本不清，据甲本补。
⑩ "修……应"十一字，底本不清，据甲本补。
⑪ "竟"，甲本作"境"，下同。
⑫ "故……等"九字，底本不清，据甲本补。
⑬ "清"，底本不清，据甲本补。
⑭ "果"，底本作"累"，据甲本改。
⑮ "故……住"五字，底本无，据甲本补。

生心之名，而无住心之相。无住正观，惠照湛然，是则以不住法，住般若中。

须菩提，譬如有人，身如须弥山王。于意云何？是身为大不？

身相[①]空假，如须弥山，虽有大名，皆非实体，不应起心取相[②]，以为大身。破前取色之心，故起大身之问[③]。

须[④]菩提言：甚大，世尊。何以故？佛说非身，是名大身。

观乎泰山，木石同坛，和合众材[⑤]，假名为大。本无自性，何定大耶？所以佛说非身，是名大身。不应生心，以取身相。如色声等，不可取也。

须菩提，如恒河中，所有沙数，如是沙等恒河，于意云何？是诸恒河沙，宁为多不[⑥]？

以[⑦]一恒河沙而数于河，河[⑧]中之沙，亦复如彼，如此之数，为多[⑨]不耶？

须菩提言：甚多，世尊。但诸恒河，尚多无数。何况其沙？

以沙数河，河尚无数。况复于沙，实为甚多。

须菩提，我今实言告汝：若善男子、善女人，以七宝满尔所恒河沙数三千大千世界，以用布施，得福多不？须菩提言：甚多，世尊。

---

① “身相”，底本不清，据甲本补。
② “不……相”六字，底本不清，据甲本补。
③ “之问”，底本不清，据甲本补。
④ “须”，底本不清，据甲本补。
⑤ “材”，底本作“林”，据甲本改。
⑥ “多不”，底本不清，据甲本补。
⑦ “以”，底本不清，据甲本补。
⑧ “数……河”四字，底本不清，据甲本补。
⑨ “数为多”，底本不清，据甲本补。

无性之福，施广福多，沙河大千，其数无量。故知所得福，至于甚多。

佛告须菩提：若善男子、善女人，于此经中，乃至受持四句偈等，为他人说，而此福德，胜前福德。

财施虽多，无益惠解；章句虽少[①]，必趣菩提。以此校量，故无等级[②]。

复次，须菩提，随说是经，乃至四句偈等，当知此处一切世间天人阿修罗，皆应供养，如佛塔庙。

更标胜义，以劝修行。佛灭度后，有塔庙遗像。若复有人，随说是经，兼持句偈，则天人等辈，皆[③]当供养，如彼塔庙也。

何况有人尽能受持读诵？须菩提，当知是人，成就最上第一希有之法。

般若正智，能趣菩提。若人受持，必生信解。即知是人能成就无上菩提，故云最上第一希有之法。

若是经典所在之处，则为有佛，若尊重弟子。

此云经典所在之处[④]，则上成就希有之人，胜法在人，则为有佛，少[⑤]有差降，犹[⑥]如尊重弟子。

尔时须菩提白佛言：世[⑦]尊，当何名此经？我等云何奉持？

---

① “章……少”四字，底本不清，据甲本补。
② “量……级”五字，底本不清，据甲本补。
③ “等辈皆”三字，底本不清，据甲本补。
④ “此……处”八字，底本不清，据甲本补。
⑤ “法……少”八字，底本不清，据甲本补。
⑥ “犹”字，底本作“由”，据甲本改。
⑦ “世”字，底本不清，据甲本补。

前来所明，皆无定法。法虽无定，教必有宗。欲宣是义[①]，故起斯问。

佛告须菩提：此经名为金刚般若波罗蜜。以是名字，汝当奉持。

般若正智，喻如金刚，破烦恼障[②]，了出中道，渡贪爱流，超到彼岸。故以是名字，无量[③]胜义，汝当循[④]名责实，依是奉持。

所以者何？须菩提，佛[⑤]说般若波罗蜜，则非般若波罗蜜。

说般若法，差烦恼病。烦恼[⑥]是妄，由执见生。妄病既除，真法应舍。若执持般若，不解空义。惟此般若，亦成[⑦]烦恼。故佛说般若波罗蜜，则无定法名般若也。

须菩提，于意云何？如来有所说法不？

前云则非般若，未明[⑧]所以则非，故却质此疑，以通前义[⑨]。

须菩提白佛言：世尊，如来无所[⑩]说。

于言无滞，终身言而未尝言；于法无取，终身说而未尝说。知[⑪]我所说，则法尚应舍。昧于斯道[⑫]，则言者不知。

---

① “欲……义”四字，底本不清，据甲本补。
② “正……障”十字，底本不清，据甲本补。
③ “故……量”七字，底本不清，据甲本补。
④ “循”字，底本作“修”，据甲本改。
⑤ “须……佛”四字，底本不清，据甲本补。
⑥ “般……恼”九字，底本不清，据甲本补。
⑦ “不……成”十字，底本不清，据甲本补。
⑧ “前……明”八字，底本不清，据甲本补。
⑨ “非……义”十字，底本不清，据甲本补。
⑩ “如……所”四字，底本不清，据甲本补。
⑪ “知”，甲本先作“如”，后改“知”。《大正藏》本误作“如”。
⑫ “昧……道”四字，底本不清，据甲本补。

故于此二夜□[①],我都无所说[②]。

须菩提,于意[③]云何?三千大千世界,所有微尘,是为多不?须菩提言:甚多,世尊[④]。

前明理教无取,此明境界亦空[⑤]。

须菩提,诸微尘,如来说非微尘,是名[⑥]微尘。如来说世界非世界,是名世界。

散彼世界,以为微尘。于彼尘中,本[⑦]无自性。积彼微尘,以成世界。于此世界,岂有性耶?本无自性,故非微尘,为是假缘,是名世界[⑧]。

须菩提,于意云何?可以三十二相见如来不?不也,世尊[⑨]。不可以三十二相得见如来[⑩]。

法本无言,因言立教;身本非相,因相见身。因言立教,既不可执言而求理;因相见身,故不可取相而见佛[⑪]。

何以故[⑫]?如来说三十二相即是非相,是名三十二相[⑬]。

假立身相,以表法王。诸法本空,身相非有。能知诸

① "夜"下残缺一字,疑当为"间"字。《楞伽经》偈:"我某夜成道,至某夜涅槃,于此二中间,我都无所说。"

② "故……说"十一字,底本不清,据甲本补。

③ "须……意"五字,底本不清,据甲本补。

④ "世尊",底本不清,据甲本补。

⑤ "前……空"十二字,底本不清,据甲本补。

⑥ "须……名"十四字,底本不清,据甲本补。

⑦ "散……本"十三字,底本不清,据甲本补。

⑧ "于……界"二十四字,底本不清,据甲本补。

⑨ "不……尊"五字,底本不清,据甲本补。

⑩ "不……来"十一字,底、甲本无,据《大正藏》本及大谷余乙26补。

⑪ "法……佛"四十字,底本不清,据甲本补。

⑫ "何以故",底本不清,据甲本补。

⑬ "即……相"十字,底本不清,据甲本补。

相非相，色相皆空，即此妙身，是名三十二相[①]。

须菩提[②]，若善男子、善女人，以恒河沙等身命布施，若复有人[③]，于此经中，乃至受持四句[④]偈等，为他人说，其福甚多。

多以身命布施，胜报尚有轮回；少能受持是[⑤]经，累尽自无生灭。校量其福，持经甚多[⑥]。

尔时，须菩提闻说是经，深解义趣，涕泪悲泣，而白佛言[⑦]：希有，世尊。佛说如是甚深经典，我从昔来所得惠眼，未曾得闻如是之经。

昔得惠眼，于有见空；今闻是经，于空亦遣。是名中道，故未曾闻。善[⑧]吉解空，久得深趣，将欲起教，以示未来，故涕泪悲泣，叹其希有[⑨]。

世尊，若复有人，得闻是经，信心清净，则生实相。当[⑩]知是人，成就第一希有德功德。

信不[⑪]著相，是清净心。得清净心，则能照般若真实之相。得兹实相，必趣菩提。菩提果成，即名第一希有功德。

世尊，是实相者，则是非相。是故如来说名实相。

---

① “假……相”三十六字，底本不清，据甲本补。
② “须菩提”，底本不清，据甲本补。
③ “善……人”十六字，底本不清，据甲本补。
④ “乃……句”六字，底本不清，据甲本补。
⑤ “报……是”十字，底本不清，据甲本补。
⑥ “灭……多”九字，底本不清，据甲本补。
⑦ “尔……言”二十一字，底本不清，据甲本补。
⑧ “空……善”十二字，底本不清，据甲本补。
⑨ “来……有”十字，底本不清，据甲本补。
⑩ “世……当”十九字，底本不清，据甲本补。
⑪ “信不”，底本不清，据甲本补。

以般若智，趣真实相。夫实相者，岂有相哉？则妙色法身[①]，真空无碍，非假有相。离空无相，即此之相，非实相耶也[②]。

世尊，我今得闻如是[③]经典，信解受持，不足为难。

亲承受记，久悟[④]空法，今复闻说，信解非难。

若当来世，后五百岁，其有众生得闻是经，信解受持，是人则为第一希有。

像法之中，去圣逾远，但闻遗教，便解奉持，则知是人[⑤]，了甚深义，无出其右，故云第一[⑥]。

何以故？此[⑦]人无我相、人相、众生相、寿者相。

何以故？此人得名第一希有者，为不著如是等相故，能信解是经，得为第一。

所以者何？我相即是非相，人相、众生相、寿者相即是非相。

于我无相，妄计有我。能[⑧]了我相非相，即不着人众生寿者矣。

何以故？离一切诸相，则名诸佛[⑨]。

何以故？此人无我，则为希有者。能离诸相，即是菩提，故为希有。

---

① “以……身”二十一字，底本不清，据甲本补。
② “无……也”十九字，底本不清，据甲本补。
③ “世……是”八字，底本不清，据甲本补。
④ “悟”字，甲本作“悮”。
⑤ “远……人”十三字，底本不清，据甲本补。
⑥ “右……一”五字，底本不清，据甲本补。
⑦ “何……此”四字，底本不清，据甲本补。
⑧ “能了”，甲本作“了我了我”。
⑨ “一……佛”八字，底本不清，据甲本补。

佛告须菩提：如是如是。

印可其说。

若复有人，得闻是经，不惊不怖不畏，当知是人甚为希有。

于无为法，而有差别。如是贤圣，优劣不同。中[①]小二乘，系执因果、福德、报应。闻是深义，必当惊怖。能不怖畏，已是希有。况能信解，而受持耶？

何以故？须菩提，如来[②]说第一波罗蜜，非第一波罗蜜，是名第一波罗蜜。

诸法莫二，故云第一。到彼岸者，为对此流。此流已尽，彼岸何有？是知诸法，但示[③]假名，累尽名去，故非第一。于斯了义，能入深门，故是名第一波罗蜜。

须菩提，忍辱波罗蜜，如来说非忍辱波罗蜜。

忍辱者，明无我也。人辱我忍，以[④]为胜行。本无人[⑤]我，谁辱忍耶[⑥]？

何以故？须菩[⑦]提。如我昔为歌利王，割截身体。我于尔时，无我相，无人相，无众生相，无寿者相。

无我无人，谁忍谁辱？

何以故？我于往昔节节支解时，若有我相、人相、众生相、寿者相，应生瞋恨[⑧]。

① “中”，《大正藏》本作“也”。
② “何……来”八字，底本不清，据甲本补。
③ “示”，甲本作“亦”。
④ “我……以”三字，底本不清，据甲本补。
⑤ “人”，底本无，据甲本补。
⑥ “谁……耶”四字，底本不清，据甲本补。
⑦ “何……菩”五字，底本不清，据甲本补。
⑧ “寿……恨”七字，底本不清，据甲本补。

前举[1]割截无我，以明无忍；今举不生瞋恨，复明无我。小乘计执我相，则多起贪瞋[2]。今臡裂支体，不生瞋恨者，则复何外相预[3]其间乎？知无我矣。

须菩提，又念过[4]去，于五百世，作忍辱仙人，于尔所世，无我相，无人相，无众生相，无寿者相。

了无我相，非止此生。当于尔时，已达斯趣。

是故须菩提，菩萨应离一切[5]相，发阿耨多罗三藐三菩提心。

从前已来，明无相降住之义[6]。今明离相无性，乃是菩萨发心。况于[7]菩提，且无定法，发心取相，不亦难乎？

不应住色生心，不应住声香味触法生心。

菩提无定相可取，况六尘乎？是假合相，不应生心住于此也。

应生无所住心。

以有所住即著诸相故，劝于无所住而生其心。斯对辩也。夫无所住，岂生心哉？若[8]于无所住而[9]生心，是未免于有所住也。但于一切法无所住，以此为生心尔[10]。非谓别生无所住心也。故下文云[11]。

---

① “前举”，底本不清，据甲本补。
② “多……瞋”四字，底本不清，据甲本补。
③ “预(預)”字，戊本作“類”。
④ “念过”，底本不清，据甲本补。
⑤ “须……切”九字，底本不清，据甲本补。
⑥ “已……义”九字，底本不清，据甲本补。
⑦ “性……于”九字，底本不清，据甲本补。
⑧ “著……若”二十六字，底本不清，据甲本补。
⑨ “而”，底本不清，据甲本补。
⑩ “有……尔”十八字，底本不清，据甲本补。
⑪ “文云”，底本不清，据甲本补。

若[①]心有住，则为非住[②]。

此又遣[③]无所住也。言若心于无所住[④]有住，则为非住无所住也[⑤]。

是故佛说：菩萨心不应住色布施。

引前佛说，以证令义。

须菩提，菩萨为利益一切众生，应如是布施[⑥]。

菩萨住相布施，未名悬解众[⑦]生。欲求利益，不亦难乎？故菩萨用心，应如是[⑧]不住相布施也。

如来说：一切诸相，即是非相[⑨]。

如来所[⑩]说，福德、因果、报应等一切诸[⑪]相，皆因众生妄心起念尔。于[⑫]法性本空，是故非[⑬]相。

又说：一切众生，则[⑭]非众生。

若住相布施，则见有施者、受者。今不住相，则无我相、人相。生性空故，即[⑮]非众生。

---

① "若"，底本不清，据甲本补。
② "住……住"五字，底本不清，据甲本补。
③ "此又遣"三字，底本不清，据甲本补。
④ "于……住"四字，底本不清，据甲本补。
⑤ "非……也"六字，底本不清，据甲本补。
⑥ "布施"，底本不清，据甲本补。
⑦ "菩……众"十一字，底本不清，据甲本补。
⑧ "亦……是"十一字，底本不清，据甲本补。
⑨ "来……相"十字，底本不清，据甲本补。
⑩ "如来所"，底本不清，据甲本补。
⑪ "等……诸"四字，底本不清，据甲本补。
⑫ "尔于"，底本不清，据甲本补。
⑬ "是故非"，底本不清，据甲本补。
⑭ "则(则)"，甲本作"即"。
⑮ "即"，底本作"故即"，据甲本删。

须菩提，如来是真语[①]者、实语[②]者、如语者、不诳语者、不异语者[③]。

夫无[④]我人相，及无住布施，此甚深般若，中道义门，恐二乘之人[⑤]不生信实，故因五语以示真如。善吉当知不诳不异[⑥]。

须菩提[⑦]，如来所得法，无实[⑧]无虚。

有虚有实，约教以示人；无实无虚，两忘而自化。故如来说法，寄实以遣虚。虚法既忘，实法亦尽[⑨]□。故于是法，无实无虚。

须菩提，若菩萨心住于法而行布施，如人[⑩]入暗，则无所见[⑪]。

存受施法，计报应果，则[⑫]不了般若无相之义。是无明慧故[⑬]，如入暗[⑭]无所见也[⑮]。

若菩萨心不住法而行[⑯]布施，如人有目，日光明[⑰]照，见种

---

① "语"，底本不清，据甲本补。
② "语"，底本无，据甲本补。
③ "如……者"十一字，底本不清，据甲本补。
④ "夫无"，底本不清，据甲本补。
⑤ "无……人"十八字，底本不清，据甲本补。
⑥ "实……异"十七字，底本不清，据甲本补。
⑦ "须菩提"，底本不清，据甲本补。
⑧ "无实"，甲本作"此法无实"。
⑨ "尽"字，底本不清，据甲本补。
⑩ "人"，底本不清，据甲本补。
⑪ "暗……见"五字，底本不清，据甲本补。
⑫ "存……则"九字，底本不清，据甲本补。
⑬ "无……故"九字，底本不清，据甲本补。
⑭ "暗"，底本不清，据甲本补。
⑮ "见也"，底本不清，据甲本补。
⑯ "若……行"九字，底本不清，据甲本补。
⑰ "明"，底本无，据甲本补。

种色[①]。

太阳朝升，有目者见诸色象。般若圆就无住者，了诸法空。为利众生故，行不舍之檀。不住诸相，则未尝生心布施也[②]。

须菩[③]提，当来之世，若有善男子、善女人，能于此经，受持读诵，则为如来以佛智慧，悉知是人，悉[④]见是人，皆得成就无量无边功德[⑤]。

印可劝修如上深义[⑥]。

须菩提[⑦]，若有善男子、善女人，初日分，以恒河沙等身布施，中日分，复以恒河沙等身布施，后日分，亦以恒河沙等身布施[⑧]。如是无量百千万亿劫，以身布施[⑨]。

分日三时，以内财施。如是亿劫，计福德多[⑩]。

若复有人，闻此经典，信心不逆，其福胜彼[⑪]。

闻前不住之施，即顺无相之心。唯此信心，可名达解，则达解之福，胜彼施身[⑫]。

何况书[⑬]写、受持、读诵、为人解说？

---

① “照……色”五字，底本不清，据甲本补。
② “太……也”四十四字，底本不清，据甲本补。
③ “须菩”，底本不清，据甲本补。
④ “善……悉”二十四字，底本不清，据甲本补。
⑤ “无……德”六字，底本不清，据甲本补。
⑥ “印……义”八字，底本不清，据甲本补。
⑦ “须菩提”三字，底本不清，据甲本补。
⑧ “善……施”三十八字，底本不清，据甲本补。
⑨ “千……施”八字，底本不清，据甲本补。
⑩ “分……多”十六字，底本不清，据甲本补。
⑪ “若……彼”十六字，底本不清，据甲本补。
⑫ “闻……身”二十九字，底本不清，据甲本补。
⑬ “何况书”三字，底本不清，据甲本补。

信心不逆，其福已多。况能书诵，而为人解说，弘益之利，其[①]可量乎？

须菩提，以要言之，此[②]经有不可思议、不可称量无边功德[③]。

以要[④]□□□□□大[⑤]□也。无相之福，与真如等。故非思议得其浅深，称量得[⑥]其轻重。如是功德，岂有边际耶？

如来为发大乘者说，为发最上乘者说。

上品利根，了真如[⑦]相，是名大乘。得无生观，深入秘藏，加最上之号。非如来聊简二乘而不为说。但二乘之人，未[⑧]能解了耳[⑨]。

若有人能受持读诵，广为人说，如来悉知是人，悉见[⑩]是人，皆得成就不可[⑪]量、不可称、无有边、不可思议功德。

大乘最上之人，能以般若自利利他者，佛心悉知，佛眼悉见，皆知是人成就无相胜义。是法离一切相，无断常边，故其功德，不可称量思议知也。

如是人等，则为荷担如来阿耨多罗三藐三菩提。

---

① "信……其"二十二字，底本不清，据甲本补。
② "此"，甲本作"是"。
③ "有……德"十三字，底本不清，据甲本补。
④ "以要"，底本不清，据甲本补。
⑤ "大"，底本不清，据甲本补。
⑥ "议……得"八字，底本不清，据甲本补。
⑦ "如"，甲本作"实"。
⑧ "未"，《大正藏》本作"来"。
⑨ "耳"，甲本作"尔"。
⑩ "悉……见"六字，底本不清，据甲本补。
⑪ "皆……可"六字，底本不清，据甲本补。

是[1]人深达[2]般若，广为人说，即是荷负正法，担[3]运胜义，令诸众生，成就功德[4]。

何以故[5]？须菩提，若乐[6]小法者，著我见、人见、众生见、寿者见，则于此经不能听受读诵，为他人说。

小乘著相，于此深义，不能信奉也。

须菩提，在在处处，若有此经，一切世间天人阿修罗所应供养。当知此处，则[7]为是塔，皆应恭敬，作礼围绕，以诸华香而散其处。

此经示人[8]诸佛无上正遍知道。塔者，诸佛遗像之所在也。了义当趣菩提，闻经即如见佛。故是经所在之处，同于塔庙[9]遗像。故天人修罗所应供养，作礼围绕，示尊敬之意；花香散洒，表净[10]信之心。非谓求悟于香花，解空于罄折也。

复次，须菩[11]提，若善男子[12]、善女人[13]，受持读诵此经，若为[14]人轻贱，是人先世罪业应堕恶道，以今世人轻贱故，先世罪业则为消灭，当得阿耨多罗三藐三菩提。

---

① “是”，底本不清，据甲本及《顿悟真宗论》补。
② “深达”，底本不清，据甲本及《顿悟真宗论》补。
③ “为……担”十字，底本不清，据甲本及《顿悟真宗论》补。
④ “令……德”八字，底本不清，据甲本及《顿悟真宗论》补。
⑤ “故”，底本不清，据甲本补。
⑥ “若乐”，底本不清，据甲本补。
⑦ “当……则”五字，底本不清，据甲本补。
⑧ “示人”，底本作“士生”，甲本作“出人”，据文意改。
⑨ “庙(廟)”字，底本不清，戊本作“廣(廟)”。
⑩ “净”，甲本作“清净”。
⑪ “菩”，底本不清，据甲本补。
⑫ “男子”，底本不清，据甲本补。
⑬ “女人”，底本不清，据甲本补。
⑭ “诵……为”五字，底本不清，据甲本补。

以此敦劝持经之人尔。夫业若先定[①],应堕恶[②]道。即是[③]钝[④]根,闻必惊怖,安能[⑤]信奉,而读诵此经耶?若后五百岁,闻是章[⑥]句,能生信心者,此人已于千万佛所,种诸善根,复若为为[⑦]人轻贱乎?况此经[⑧],佛为大乘最[⑨]上乘者说,皆真实不诳[⑩]。不应苟劝愚[⑪]人,崇信而发菩提。取相之言,将[⑫]如来别有深意乎,为译经之人失其旨也?

须菩提,我念过去无量阿僧祇劫,于然灯佛前,得值八百四千万亿那由他诸佛,悉皆供养承事,无空过者。

明我今日[⑬]所证菩[⑭]提,亦由昔来[⑮]功德所致也[⑯]。

若复有人,于后末世,能[⑰]受持读诵此经,所得[⑱]功德,于我所供养诸佛功德,百分不及一,千万亿分乃至算数譬喻所不能及。

末世人讹[⑲],胜心难发,故于此时能[⑳]持经者,功[㉑]德甚

① "先定",底本不清,据甲本补。
② "堕恶",底本不清,据甲本补。
③ "是",甲本脱。
④ "钝",底本不清,据甲本补。
⑤ "闻……能"六字,底本不清,据甲本补。
⑥ "耶……章"九字,底本不清,据甲本补。
⑦ "为",甲本及《宣演》卷下脱。
⑧ "经",底本不清,据甲本补。
⑨ "为……最"四字,底本不清,据甲本补。
⑩ "皆……诳"五字,底本不清,据甲本补。
⑪ "愚",底本不清,据甲本补。
⑫ "发……将"八字,底本不清,据甲本补。
⑬ "今日",底本不清,据甲本补。"日",《大正藏》本作"月"。
⑭ "证菩",底本不清,据甲本补。
⑮ "昔来",底本不清,据甲本补。
⑯ "德所致也",底本不清,据甲本补。但甲本误"致"作"到"。
⑰ "人……能"六字,底本不清,据甲本补。
⑱ "得",甲本作"德"。
⑲ "讹",戊本作"记"。
⑳ "能",底本不清,据甲本补。
㉑ "者功",底本不清,据甲本补。

多。以我昔供养校[①]量，百分不及其一，乃[②]至千万[③]亿分[④]功德[⑤]不如[⑥]。

须菩提，若善男子、善女人，于[⑦]后末世，有受持读诵此经，所得功德，我若具说者，或有人闻，心则狂乱，狐疑不信。

报施之福，人皆取相。章句功德，所趣无为。菩提胜因，因[⑧]是而悟。悟则获证，卒难详说小乘执滞，谓无是理[⑨]。是以狂乱狐疑，不能实[⑩]信。

须菩提，当知是经义不可思议，果报亦不可思[⑪]议。

深奥[⑫]秘藏，归趣菩提，以供养百千万佛，犹[⑬]不如[⑭]持经功德。故无相胜义，非思议及，至于果报，亦复如之。

尔时须菩提白佛言：世尊，若善男子、善女人，发阿耨多罗三藐三菩提心[⑮]，云何应住，云何降伏其心？

首章此问，以明发心降住之义。今恐菩萨存我发心，能作如是降住[⑯]，则障解空不住之[⑰]道。故于此重破，实无

---

① “校”，戊本作“较”。
② “乃”，底本不清，据甲本补。
③ “千万”，底本不清，据甲本补。
④ “分”，底本不清，据甲本补。
⑤ “德”，甲本作“历”。
⑥ “如”，底本、甲本作“知”，据文义改。
⑦ “子……于”五字，底本不清，据甲本补。
⑧ “因”，甲本无。
⑨ “是理”，甲本无。
⑩ “实”，底本不清，据甲本补。
⑪ “果……思”六字，底本不清，据甲本补。
⑫ “奥”，底本作“粤”，据甲本改。
⑬ “犹”，底本作“由”，据甲本改。
⑭ “如”，甲本作“若”。
⑮ “心”，底本无，据甲本及《宣演》卷五补。
⑯ “菩……住”十二字，底本不清，据甲本补。
⑰ “之”，底本无，据甲本补。

菩萨发心。来问虽同，往明则异[①]。

佛告须[②]菩提：善男子、善女人，发阿耨多罗三藐三菩提者，当生如是心。我应灭度一切众生。

众因缘生，本非有法。妄心执著，起众生相。今悟性空，则众缘自灭。菩提中道，应发是心。

灭度一切众生已，而无有一众生实灭度者[③]。

但灭妄[④]想尔。若计灭此妄，无[⑤]离妄心。今有妄既灭，无空亦舍[⑥]。反照于性，不住于常。及吾[⑦]无身，谁受灭度？

何以故？若菩萨有我相、人相、众生相、寿者相，即非菩萨。

离彼四相，是名无我。于我无矣，谁当灭耶？

所以者何？须菩提。实无有法发阿[⑧]耨多罗三藐三菩提心者。

菩提无定法，法空也。实无发[⑨]心者，生空也。法空无所住，生空无[⑩]降伏。正观如此，是名菩萨[⑪]。岂复别有一我，云度众生哉[⑫]？

须菩提，于意云何？如来于然灯佛所，有法得阿耨多罗三藐三

① “菩……异”十二字，底本不清，据甲本补。
② “须”，底本无，据甲本补。
③ “灭度者”，底本不清，据甲本补。
④ “但灭妄”，底本不清，据甲本补。
⑤ “无”，甲本作“未”。
⑥ “空亦舍”，底本不清，据甲本补。
⑦ “及吾”，《顿悟真宗论》作“反悟”。
⑧ “阿”，底本无，据甲本补。
⑨ “定……发”八字，底本不清，据甲本补。
⑩ “无”，戊本作“普”。
⑪ “正……萨”八字，底本不清，据甲本补。
⑫ “哉”，甲本作“我”。

菩提不？

若前云无法发菩提心，则不应于然灯佛所受菩提记。欲断此疑，故却问善吉云：于汝意以为云何？如来于昔时有方法，得菩提不？

不也，世尊。如我解佛所说义，佛于然灯佛[①]所，无有法得阿耨多罗三藐三菩提。

推解于佛，以明胜义。以无所[②]得故，受菩提记。岂有发心者，而得[③]菩提耶？欲明不发得法心[④]乃真发心耳[⑤]。

佛言：如是如是。须菩提，实无有法如来得阿耨多罗三藐三菩提。

许善吉之言[⑥]。是成前问之无得。

须菩提，若有法如来得[⑦]阿耨多罗三藐三菩提，然灯佛则不与我受[⑧]记：汝于来世，当得作佛，号释迦牟尼。

于菩提中，为有法可得，发如是心，则不证斯果。定光不应受[⑨]记。

以实无有法得阿耨多罗三藐三菩提，是故然灯佛与我受[⑩]记，作是言：汝于来世，当得作佛，号释迦牟尼。

以般若智，了诸法如。悟生法空，离断常见。岂别有

---

① "于……佛"四字，底本不清，据甲本补。
② "所"，底本不清，据甲本补。
③ "得"，底本不清，据甲本补。
④ "心"，底本无，据甲本补。
⑤ "耳"，甲本作"尔"。
⑥ "之言"二字，底本不清，据甲本补。
⑦ "如来得"三字，底本不清，据甲本补。
⑧ "受"，甲本作"授"。
⑨ "受"，甲本作"授"。
⑩ "受"，甲本作"授"。

法得菩提耶？以是无得之故，故然灯佛知我修证[①]，与我受[②]记耳[③]。

何以故？如来者，诸法如义。

如者，法性[④]也。是性清净，无有定相[⑤]。遂通于感，勿[⑥]得皆如。既如阴如阳，亦不瞰不昧。悟斯如义，来成佛果。了[⑦]此空相，寂然无体。岂于有法而得是耶？

若有人言：如来得阿耨多罗三藐三菩提。

若有此言，即非[⑧]如义[⑨]。

须菩提，实无有法佛得阿耨多罗三藐三菩提。

约[⑩]诸法如义[⑪]，则如来必不于[⑫]有得法中得菩提也。

须菩提，如来所得阿[⑬]耨多罗三藐三菩提，于是[⑭]中无实无虚。

此又[⑮]双遣[⑯]也。前云以有法得者，虚妄也；以无法证者，真实也。此乃寄无以遣有，假实以明虚。虚有之妄既

① "证"，甲本作"行"。
② "受"，甲本作"授"。
③ "耳"，甲本作"尔也"。
④ "性"，底本不清，据甲本补。
⑤ "相"，底本不清，据甲本补。
⑥ "勿"，甲本作"物"。
⑦ "佛果了"三字，底本不清，据甲本补。
⑧ "即非"二字，底本不清，据甲本补。
⑨ "义"，底本不清，据甲本补。
⑩ "约"，底本不清，据甲本补。
⑪ "如义"，底本不清，据甲本补。
⑫ "必不于"，底本不清，据甲本补。
⑬ "如……阿"五字，底本不清，据甲本补。
⑭ "三……是"七字，底本不清，据甲本补。
⑮ "此又"，底本不清，据甲本补。
⑯ "遣"，甲本作"遣"。

除，实无之法亦尽。但约边以趣中道尔。于是[1]中岂有虚实耶？

是故如来说：一切法皆是佛法。

一切法中，皆有中义。能趣中道，即会于如，故诸法得中，皆佛法也[2]。

须菩提，所言一切法者，即非一切法，是[3]故名一切法。

因缘生法，本无自性。无性非有，故即非一切法也。为因缘故，有假名生，假名非无，是故名一切法也。

须菩提，譬如人身长大。

一切法假因缘生，如人身长大，亦资百骸九窍，以赅而存耳[4]。

须菩提言：世尊，如来说，人身长大，则为非大身，是名大身[5]。

人身[6]长大，假合众缘，分分不同，则为非大，而身相具足[7]，是名大身。则知不离假合之[8]身，而有大身；不离因[9]缘生法，而有佛法。烦恼之外，岂复别有涅槃耶？

须菩提，菩萨亦如是。

劝菩萨亦当作如是解，行于中道。

---

① “是”，戊本无。
② “也”，甲本无。
③ “法是”二字，底本不清，据甲本补。
④ “耳”，甲本作“尔”。
⑤ “大身”二字，底本不清，据甲本补。
⑥ “人身”，底本不清，据甲本补。
⑦ “非……足”七字，底本不清，据甲本补。
⑧ “假合之”，底本不清，据甲本补。
⑨ “而……因”七字，底本不清，据甲本补。

若作是言：我当灭度无量众生，则不名菩萨。

以计有众生故，则著于相。不趣[①]中道故，不得名道心众生。

何以故？须菩提，实无有法，名为菩[②]萨。

于五聚荫中，实无有一法，名为菩萨也。

是故佛说[③]：一切法无我、无人、无众生、无寿者。

以结前无有法名菩萨故，不著此四相。无是等相，则不应别有菩萨度众生也。

须菩提，若菩萨作是言：我当庄严佛土，是不名菩萨。

于内无相，不应言我度众生[④]；于外无相，不应庄严佛土[⑤]。

何以故？如来说：庄[⑥]严佛土者，即非庄严，是[⑦]名庄严。

无相庄严佛土，即非有相庄严之法。能了无相，是名庄严。故菩萨不应计我能庄严佛土也。

须菩提，若菩萨通达无我法者，如来说名[⑧]真是菩萨。

于人无我，于法无我，忘[⑨]于四相，不取六尘，能如此者，则不应计有众生可灭度，有净土[⑩]可庄严。通达若斯，

---

① “趣”，甲本作“取”。
② “名为菩”三字，底本不清，据甲本补。
③ “是故佛说”四字，底本不清，据甲本补。
④ “我度众生”，底本不清，据甲本补。
⑤ “庄严佛土”，底本不清，据甲本补。但甲本“严”下有“于”字。
⑥ “来说庄”，底本不清，据甲本补。
⑦ “土……是”七字，底本不清，据甲本补。
⑧ “名”，甲本作“言”。
⑨ “忘”，底本作“妄”，据甲本改。
⑩ “土”，甲本作“度”。

是真道心众生矣[1]。

须菩提，于意云何[2]？如来有肉眼不？如是，世尊[3]。如来有肉眼。

色相同众生，即肉为眼，故云肉眼。

须菩提，于意[4]云何？如来有天眼不？如是，世尊。如来有天眼。

于眼净根，普照一切，故云天眼。

须菩提，于意云何？如来有慧眼不？如[5]是，世尊。如来有慧眼[6]。

依定发慧，了一切相，故云慧眼[7]。

须菩[8]提，于意云何？如来有法眼不？如是，世尊。如来有法眼。

了一切法，于法无滞，故云法眼。

须菩提，于意云何？如来有佛眼不？如是，世尊。如来有佛眼。

总彼众相[9]，成我[10]妙身，圆对无碍，故云[11]佛眼。是

---

① "矣"，甲本作"矣也"。
② "云何"二字，底本不清，据甲本补。
③ "肉……尊"七字，底本不清，据甲本补。
④ "意"，底本无，据甲本补。
⑤ "如"，底本不清，据甲本补。
⑥ "眼"，底本不清，据甲本补。
⑦ "依……眼"十二字，底本不清，据甲本补。
⑧ "须菩"二字，底本不清，据甲本补。
⑨ "相"，底本不清，据甲本补。
⑩ "成我"，底本不清，据甲本补。
⑪ "对……云"五字，底本不清，据甲本补。

五[①]眼者，约事为名。以所观之境，因能观[②]之用，如彼摸象生异号。于我佛[③]身，故为同体。若别为阶[④]级次第[⑤]，或云修证不同，此则以色见如来，非[⑥]谓通于无相也。

须菩提，于意云何？如恒河中所有沙，佛说是沙不？如是，世尊。如来说是沙。

如来说法，常以河沙为喻。

须菩提，于意云何？如一恒河中所有沙[⑦]，有如是等恒河，是诸恒河所有沙[⑧]数佛世界，如是宁为多不？甚多，世尊。

一河之沙，数等诸河。诸河之沙，有如世界。如此世界，实为甚多。

佛告须菩提：尔所国土中所有众生若干种心，如来悉知[⑨]。

世界已多，是中众生，心心攀缘[⑩]，数不能举。如是心等，如来悉知[⑪]。

何以故？如来说[⑫]：诸心皆为非心，是名为心。

何以故？如来悉知，谓此诸心皆由妄起，与物[⑬]相刃，

① "五"，底本不清，据甲本补。
② "者……观"十三字，底本不清，据甲本补。
③ "异……佛"五字，底本不清，据甲本补。
④ "为……阶"七字，底本不清，据甲本补。
⑤ "次第"，底本不清，据甲本补。
⑥ "云……非"十三字，底本不清，据甲本补。
⑦ "所……沙"三字，底本不清，据甲本补。
⑧ "如……沙"十二字，底本不清，据甲本补。
⑨ "知"，底本不清，据甲本补。
⑩ "心心攀缘"四字，底本不清，据甲本补。
⑪ "不……知"十一字，底本不清，据甲本补。
⑫ "何……说"六字，底本不清，据甲本补。
⑬ "物"，底本作"勿"，据甲本改。

逐境交驰。如是等心[1]，是生知见，妄法非有，毕竟[2]皆空。唯净信心，如所教住，证达本末，是名为心。

所以者何？须菩提，过去心不可[3]得，见在心不可得，未来心不[4]可得。

以三世法求生知心，是心无常，求不可得。前云非心名心，借常心以破妄。此云心不可得，又遣破妄之常。然不将不迎，应而无主。万境咸入，我用不疲。千相取容，其心皆给。不唯般若之蕴乎！

须菩提，于意云何[5]？若人满三千大千世界七宝，以用布施。是[6]人以是因缘，得福多不？如是，世尊。此人以是因缘，得福甚多。

施宝求福，以果酬因，故知福德甚多。

须菩提，若福德有实，如来不说得福德[7]多。以福德无故，如来说得福德多[8]。

宝施求福，非福德[9]性。未绝因地，故说果多。七宝既尽，假名所获，亦非有实[10]。非有实[11]故，故不取相。是以如来应缘而说云得福多。若行深般若，归趣中道，罪既不至，福亦不来。心如教住，法尚应舍，有何福德于其间哉？

---

① "心"，甲本无。
② "毕(畢)竟"，甲本作"異境"。
③ "可"，底本不清，据甲本补。
④ "见……不"十字，底本不清，据甲本补。
⑤ "云何"，底本不清，据甲本补。
⑥ "千……是"十字，底本不清，据甲本补。
⑦ "说……德"四字，底本不清，据甲本补。
⑧ "如……多"以下八字，底本不清，据甲本补。
⑨ "宝……德"七字，底本不清，据甲本补。
⑩ "实(實)"，底本作"寶"，据甲本改。
⑪ "实(實)"，底本作"寶"，据甲本改。

须菩提，于意云何？佛可以具足色身见不？不也，世尊。如来不[①]应以具足色身见。

色为有分，身假缘成。凡是色身，皆非妙相，故不应以此见如来也。

何以故？如来说具足色身，即非具足色身，是名具足色身[②]。

具足色身，分分假合，故即非具足色身。离假合身，别无真身，故是名具足色身。当试论之：夫无色之色，见一切[③]色；非身之身，见一切身。若以色色空，纵妙身而有我；以空空色，虽色身而见佛。岂[④]复舍此而别有色身、妙身耶？

须菩提，于意云何？如来可以具足诸相见不？不也，世尊。如来不应以具足诸相见。何以故？如来说：诸相具足[⑤]，即非具足，是名诸相具足。

以一色身，不应见佛，今就诸相，得见不耶？则一一相中，同一色相，故不应以此得见如来。

须菩提，汝勿谓如来作是念：我当有所说法。莫作是念。

为众生说，如彼筏喻。故如来无说法[⑥]之念。汝不应作是思惟[⑦]。

何以故？若人言：如来有所说法，即为谤佛，不能解我所说故。

---

① “于……不”二十字，底本不清，据甲本补。
② “是……身”六字，甲本无。“身”，底本不清，据《宣演》卷下补。
③ “具……切”四十二字，底本不清，据甲本补。
④ “岂”，底本无，据甲本补。
⑤ “具……足”十五字，底本不清，据甲本补。
⑥ “法”，甲本无。
⑦ “惟”，底本作“唯”，据甲本改。

法无定法，说岂说耶？若人以我有法可说，是人不解般若空义，与我说法之谤尔[①]。

须菩提，说法者，无法可说，是名说法。

言者在意，得意而忘[②]言；法者辩空，悟空而无法。空本无法，故云：无法可说。了是义者，得法甚深，故云：是名说法。

须菩提白佛言：世尊，佛得阿耨多罗三藐三菩提，为无所得耶？

前云无法可说，善吉启问，欲明无法所由。故云：若无法可说者，则佛于菩提无所得耶？

如是，如是。须菩提，我于阿耨多罗三藐三菩提，乃至无有少法可得，是名阿耨多罗三藐三菩提。

于菩提中，无有少法。若有少法，不名[③]菩提。为无法可得，而能感而遂通，故名菩提。

复次，须菩提，是法平等，无有高下，是名阿耨多罗三貌三菩提。

于菩提道，本无异门。灭[④]彼色空，离于常断，一相无二，是无为法。适使万殊，咸其自已。涅槃烦恼，究竟无余。只于是中，名菩提义[⑤]。

以无我、无人、无众生、无寿者，修一切善法，则得阿耨多罗三藐三菩提。

无彼四相，明已悟空。习此中道，云修善法。不滞无

① “法……尔”四字，底本不清，据甲本补。
② “忘”，底本作“妄”，据甲本改。
③ “法不名”三字，底本不清，据甲本补。
④ “灭(滅)”，甲本作“泯”。
⑤ “义”，底本不清，据甲本补。

有，名得菩提。

须菩提，所言善法者，如来说非善法，是名善法。

称中道者，因边获称。若存中[①]法，不异于边。故圣人说空，以破于有，故[②]云善法。有法既尽，亦无空法，故非善法。能遣斯遣，深入菩提，是名善法。

须菩提，若三千大千世界中，所有诸须弥山王，如是等七宝聚，有人持用布施。若有人以此般若波罗蜜经，乃至四句偈等受持，为他人说，于前福德，百分不及一，百千万亿分，乃至算数譬喻所不能及。

如此校量，前来已说。于所明义，一一不同。前云是法平等，不应经优而宝劣。故重[③]宣此义，将遣是疑。只为般若平等[④]，故胜如山之宝耳[⑤]。

须菩提，于意云何？汝等勿谓如来作是念：我当度众生。须菩提，莫作是念。

如来无是念，故汝莫作是思惟[⑥]。

何以故？实无有众生如来度者。

众生正性，本来清净。六根起想，烦恼病生。观生本空[⑦]，有何可度？

若有众生如来度者，如来则有我人众生寿者。

---

① “称……中”四字，底本不清，据甲本补。
② “故”，甲本无。
③ “重”，《大正藏》本作“自”。
④ “平等”二字，底本不清，据甲本补。
⑤ “耳”，甲本作“尔”。
⑥ “惟”，底本作“唯”，据甲本改。
⑦ “本空”二字，底本不清，据甲本补。

般若中观，离诸名相。若见众生可度者，则于法如中，不了空义。

须菩提，如来说：有我者，则非有我。而凡夫之人，以为有我。

前云我于然灯佛所，则是说有我[①]也。然但晓凡顺俗，非系有我。不同凡夫执著我相。

须菩提，凡夫者，如来说即非凡夫。

未达中道，是名凡夫。了般若空，则证等觉，故即非凡夫也。

须菩提，于意云何？可以三十二相观如来不？

乘如正[②]觉，既非有我，故不应以三十二相观[③]。

须菩提言：如是，如是。以三十二相观如来。

凡夫之人，以相求佛。

佛言须菩提：若以三十二相观如来者，转轮圣王则是如来。

汝若以相见如来者，转轮圣王亦具是相，则应是如来。轮王既非如来，故知[④]如来不应以[⑤]三十二相见。

须菩提白佛言：世尊，如我解佛所说义，不应以三十二相观如来。

善吉深达法性，故不作凡夫解。

尔时世尊而说偈言：

---

① “说有我”三字，底本不清，据甲本补。
② “正”，甲本作“证”。
③ “观”，底本不清，据甲本补。
④ “知”，甲、戊本脱。
⑤ “应以”二字，底本不清，据甲本补。

此[①]偈如颂，非四句义。

若以色见我，以声音求我，是人行邪[②]道，不能见如[③]来。

无色见色，不可以色见；非声应声，不可以声求。将令深趣涅槃，必依声色之外。故以色声求佛，是人甚好径[④]，焉[⑤]得见如来？

须菩提，汝若作是念：如来不以具足相，故得阿耨多罗三藐三菩提。须菩提，莫作是念：如来不以具足相，故得阿耨多罗三藐三菩提。

前破有相不见如来，恐众生即作无相求佛。故此破云：汝勿谓无相可得菩提。菩提非有无，故以有无求，皆不得也。论曰：大圣说空法，为破诸见故。若复见有[⑥]空，诸佛所不化。今者舍有而[⑦]滞无，亦由避溺而投火。

须菩提[⑧]，汝若作是念：发阿耨多罗三藐三菩提者，说诸法断灭。莫作是念。

汝若作无相而发道[⑨]心者，是断一切行[⑩]，灭一切法，不得中道也。故[⑪]莫作是念[⑫]。

---

① "此"，甲本作"以"。
② "邪"，底本作"耶"，据甲本改。
③ "见如"二字，底本不清，据甲本补。
④ "径"字，《大正藏》本作"住"。此语本《老子》："大道甚夷而民好径。"《御注道德真经》作"民甚好径"。
⑤ "焉"字，《大正藏》本作"烏"。
⑥ "有"下，底本原空三格。
⑦ "不……而"七字，底本不清，据甲本补。
⑧ "菩提"二字，底本不清，据甲本补。
⑨ "道"，底本不清，戊本作"有"，据甲本补。
⑩ "一切行"，底本不清，据甲本补。
⑪ "故"，甲本作"是故"。
⑫ "作是念"，底本不清，据甲本补。

何以故？发[①]阿耨多罗[②]三藐三菩提者，于法不说断灭相。

菩提中道，不有不无。若作有念者，则堕于诸法常，诸法实非常。若作无念者，则堕诸法断，诸法实非断。故于菩提中，不得生有无见，亦不得作常断说。

须菩提，若菩萨以满恒河沙等[③]世界七宝布施，若复有人，知一切法无我，得成于忍。此菩萨胜前菩萨所得功德。

离彼[④]两边，契于中道，悟无生忍[⑤]，胜福甚多。财施[⑥]校量，非所[⑦]及也。知无有我[⑧]，亦无无我，遣之又[⑨]遣，深入菩提，故知一切法无我也。

须菩提，以诸菩萨[⑩]不受福德故。

所□[⑪]胜前菩萨者，悟无生忍，无受福德处故也。

须菩提白佛言：世尊，云何菩萨不受福德？

发明前义，而作是问。

须菩提，菩萨所作福德，不应贪著，是故说不受福德。

贪著福德，求受胜报，未能无我，不趣菩提，如骊龙珠，探必受害。

---

① “何……发”四字，底本不清，据甲本补。
② “多罗”，底本不清，据甲本补。
③ “恒……等”四字，底本不清，据甲本补。
④ “彼”字，《大正藏》本作“居”。
⑤ “忍”，甲本无。
⑥ “施”，甲本无。
⑦ “所”，甲本无。
⑧ “知无有我”，底本作“知有我”，甲本左残，《大正藏》本作“□无一我”，据诸本及文意改。
⑨ “又”，甲本作“有”。
⑩ 甲本至此止。
⑪ “□”，底本不清，疑为“云”。

须菩提，若有人言：如来若来若去，若坐若卧，是人不解我所说义。

法身圆对，有感即通；明镜鉴形，无去来相。若人于佛作此四仪，当知是人不了深义。

何以故？如来者，无所从来，亦无所去，故名如来。

前云诸法如义者，正所在皆如。若有从来，不名中道。故无所从□，□□□[①]来；亦无所去，而无不去。是以随迎不得其先后，名言□[②]，究其去来，故名如来，其义如是。

须菩提，若善男子、善女人，以三千大千世界碎为微尘，于意云何？是微尘众，是为多不？甚多，世尊。

世界之数，以为无量，碎为微尘，故知甚多。

何以故？若是微尘众实有者，佛则不说是微尘众。

于尘无自性，亦合于相分，如是假名者，皆非实有法。

所以者何？佛说微尘众，则非微尘众[③]，是名微尘众。

前云：诸微尘，如来说非微尘，是名微尘。引佛前说，以证今说。是知微尘无自性，无自性故，非微尘众。不坏伐法说微尘故，是名微尘。

世尊，如来所说三千大千世界，则非世界，是名世界。

聚尘□□，界亦无性，不应□取世界之相。

何以故？若世界实有者，则是一合相。

不识无性，以为实有者，则是知一和合之相。和合众

① “□……□”四字，底本不清，疑为“来而无不”。
② “□”，底本不清，疑为“如”。
③ “则……众”五字，底本无，据《大正藏》及大谷余乙26补。

尘，以成世界，岂有定世界耶？

如来说：一合相则非一合相，是名一合相。

与世界同，俱无性故。

须菩提，一合相者，则是不可说。但凡夫之人，贪著其事。

众缘和合，本无定相，无所可说。凡夫计有此相，故贪著之。

须菩提，若人言：佛说我见、人见、众生见、寿者见。须菩提，于意云何？是人解我所说义不？世尊，是人不解如来所说义。

佛说我见等，将破众生妄情著相尔。而是人便以为佛有诚说，是知不解如来所说义也。

何以故？世尊说我见、人见、众生见、寿者见，即非我见、人见、众生见、寿者见，是名我见、人见、众生见、寿者见。

佛说四见，以破妄情，故所说我□□非[①]人□也。而说法破妄，必约俗谛，是故□□□[②]。

须菩提，发阿耨多罗三藐三菩提心者，于一切法，应如是知，如是见，如是信解，不生法相。

前来广明中道空义，故此劝[③]云：汝众生若发菩提心者，当依我所说如是知见信解，不应于正观中道而生法相。

须菩提，所言法相者，如来说即非法相，是名法相。

菩提无定[④]法，岂有一法而有定相？故说法相者，令[⑤]

① "非"，底本不清，据己本补。
② "□"，己本作"见"。
③ "劝(勸)"，戊本作"勸"。
④ "定"，底本不清，据戊本补。
⑤ "令"，戊本作"今"。

离于相，于相无相，是名法相。

须菩提，若有人以满无量阿僧祇世界七宝，持用布施，若有善男子、善女人发菩萨心者，持于此经乃至四句偈等，受持读诵，为人演说，其福胜彼。

前来校[①]量，皆以七宝布施，不如持经功德。今明所以胜彼，谓如下文，不取于相，是福德性故也。

云何为人演说？不取于相，如如不动。

诸法性空，假立名字。假名之下，无相可求。故说法之人，不应取相。梦中占梦，岂有相耶？如义无相，故无去来。今说不取相，则如彼如矣。

何以故？一切有为法，如梦幻泡影，如露亦如电，应作如是观。

无为中道，毕竟清净，说不取相，则如彼如。若一切法中作有为解，如彼梦幻，非究竟法。作如是观，应不取相。

佛说是经已。长老须菩提及诸比丘、比丘尼、优婆塞、优婆夷、一切世间天人阿修罗，闻佛所说，皆大欢喜，信受奉行。

闻甚□□[②]，欢喜奉□[③]。

注金刚般若罗蜜经

右经，开[④]二十三乙亥之岁六月三日，都释门威仪僧思有表请，至九月十五日经出，合城具法仪，于通洛门奉迎。其日表贺，便请颁示天下，写本入藏，宣付史官。其月十八

① “校”，戊本作“较”。
② “□□”，底本不清，疑为“甚深”。
③ “□”，底本不清，疑为“行”。
④ “开”，戊本作“开元”。

日，于敬爱寺设斋庆赞，兼请中使、王公、宰相、百□□□□□□□。开元廿三年十月□□，书手臣张若芳，用小麻纸三十五张，校书郎坦初校，校书郎韩液再校，正字李希言三校，装书匠[①]臣陈善装，典书臣侯令恽典，秘书郎臣卢倬掌，朝散大夫守秘书监上柱国平乡县开国男臣宋升监，正议大夫[②]□□□上柱国戴[③]国公李道□[④]，光禄大夫秘书监同正员上柱国汝阳郡王臣摠淳[⑤]监。

天宝元年八月十五日立。[⑥]

［录文完］

（方广锠修改审定）

（本文原刊于《藏外佛教文献》第二编，总第十辑，中国人民大学出版社，2008年。）

---

① “匠”，戊本及《房山石经题记汇编》作“近”。

② “正……夫”四字，底本不清，据戊本补。

③ “戴”字，底本不清，戊本及《汇编》作“載”，据《旧唐书》卷六四补。

④ “□”，疑为“邃”。李道邃，中兴初封戴国公，见《旧唐书》卷六四。

⑤ “摠淳”，即汝阳王琎，初名嗣恭，又名淳。不言摠淳之名，应据补史乘之阙。

⑥ 刻石第一面有捐刻题记如下：“顺义郡市令李大师、母高、弟小师合家每年造经三条。天宝□…□。”

下编

文学文献论考

日本金泽文库藏抄本《香严颂》七十六首覆校

一、金泽文库本《香严颂》解题

日本金泽文库素有"和汉(日中)文物之渊薮"之称。它由北条实时(1208—1276)于镰仓时代建治元年(1275)在金泽(今神奈川县横滨市金泽区)开创后,经过子孙不断的收藏及扩充,形成了蔚为大观的一大藏书,推测为数不下两万卷。北条氏的镰仓幕府灭亡(1333)后,金泽文库由真言律宗称名寺保管,继续收藏佛书资料,但后来由于种种原因散佚了一半藏书,现为神奈川县管辖的一所"中世历史博物馆"。原藏与现藏的善本一般称作"金泽文库本",例如宋版单疏本《周易正义》《尚书正义》《礼记正义》;旧钞本《文选集注》《白氏文集》;类书如宋版《太平御览》《文苑英华》;佛典如宋版东禅寺版、开元寺版大藏经等。中国失传的写本《香严颂》也是其中一例。

《香严颂》写本,楮纸方型帖装册子本(纵 16 厘米、横 15.3 厘米),二十六纸(书写十纸)。一纸 8 行,行 14 字(七言二句)。封面表题《香严颂七十首》,左下角有"卜惠之"三字,似为书写者或传持者的名字。内题作"香严颂七十六首",所写七言四句颂共七十六首(第 36 首和第 71 首为同一首),在尾题后又写一首,实为龙牙居遁的作品(见《禅门诸祖师偈颂》卷上之上《龙牙颂》,收于《续藏经》第 66 册)。据首次公布校录者、前任金泽文库长纳富常天先生研究,该写本由称名寺第二代长老剑阿

(1261—1338)书写,由此可知书写的大致年代。①

香严智闲禅师(? —898),青州人,沩山灵祐法嗣,陆希声曾撰碑铭(已佚,见《全唐文》卷八一三《仰山通智大师塔铭》);《宋高僧传》卷一三、《祖堂集》卷一九、《景德传灯录》卷一一、《宗门统要》卷五、《联灯会要》卷八、朝鲜本《祖源通录撮要》卷三、《大光明藏》卷中、《五灯会元》卷九等均载传记和语录。至于他的偈颂,《新唐书·艺文志三》著录"智闲偈颂一卷二百余篇"(《通志略·艺文略》同),《景德传灯录》谓"有偈颂二百余首,随缘对机,不拘声律,诸方盛行"。南岳齐己(864—943)为《龙牙和尚偈颂》撰序称:"禅门所传偈颂,自二十八祖止六祖,已降则亡,厥后诸方老宿亦多为之。盖以吟畅玄旨也,非格外之学,莫将以名句拟议矣。洎咸通初有新丰、白崖二大师所作,多流散于禅林,虽体同于诗,厥旨非诗也。迷者见之而为抚掌乎?"(《禅门诸祖师偈颂》卷上之上)终南山僧慧观为文僜《泉州千佛新著诸祖师颂》撰序亦称:"南岳泰公著五赞七颂,当时称之以美谈。及乐浦、香严,尤长厥颂,斯则助道之端耳。"②可见香严所作的偈颂与洞山良价(807—869)、南岳玄泰(生卒年未详,石霜[807—888]法嗣)、乐浦元安(834—898)并称,流布盛行于禅林。齐己、慧观都指出这些禅僧的作品,其宗旨在于"吟畅玄旨""助道之端",不必用评诗的态度来看待。香严的偈颂,今存一百一十八首,除金泽文库本《香严颂》保存七十五首外,《祖堂集》卷一九收三十一首;《景德传灯录》卷一一、卷二九、卷

① 参阅纳富常天《香严颂(金泽文库藏)》,载《金泽文库研究》第9卷第1期,1963年。金泽文库藏有剑阿书写的不少题记。前任金泽文库长高桥秀荣先生给笔者复印了二十五条题记,以便鉴定《香严颂》书写者的笔迹。对比之下,我感觉到两者的笔迹不大相似。查纳富常天《金泽文库资料研究》(宝藏馆,1982年)所列剑阿在建武五年(1338)、贞和四年(1348)主持传法灌顶仪式的名单中有"尧禅房朴慧"(434页),疑《香严颂》的书写者"卜惠之"或即此人。

② 敦煌文献S.1635《泉州千佛新著诸祖师颂并僧慧观序》,《英藏敦煌文献》(3),四川人民出版社,1990年,113页下。以下简称《英藏》。

三〇共收二十二首，其中不见于《祖堂集》者有十首；《宗镜录》卷六、卷二四各收一首，其中不见于《祖堂集》《景德传灯录》者有一首；《宗门统要》卷五《仰山章》收二首，其中不见于上述禅籍者一首。其他《祖庭事苑》卷一、卷三各收一首，《联灯会要》卷八收三首，《五灯会元》卷九收四首，《林间录》卷下收一首，《禅门诸祖师偈颂》卷上之下收十九首都在上述禅籍范围之内。另外敦煌文献 S. 5558 录有“香严和尚《嗟世三伤吟》二首”，实为伏牛自在禅师所作。[①] 金泽文库本《香严颂》七十五首中亦有冠以别人名字流传的作品：石井修道先生指出第 72 首见于《龙牙和尚偈颂》九十五首之第 44 首，又如上所述《香严颂》卷尾所添的一首也是其第 19 首（按，此偈又见敦煌文献 S. 2165V《龙牙祖偈》四首之一）。[②] 石井先生对此作考证，其概要如下：

金泽文库本《香严颂》七十六首中，第 15 首、第 64 首有“南岳”“祝融峰”等语，说明作者曾至此。又参《南岳总胜集》的记载，第 10 首的“莲花”指莲花峰，第 60 首的“碧峰”指碧云峰或碧鹫峰。再看第 8、9、20、21、29、35、53、58、74 首所言，都是作者晚年的情景和感慨。又如第 25、35 首“翠微”“翠微峰下寺”为了解作者生平提供了重要线索：龙牙居遁(835—923)曾到此。居遁，俗姓郭氏，抚州南城人。十四岁于满田寺出家，二十岁到嵩岳受具足戒后，去终南山翠微寺参无学禅师。然又参香严智闲、德山宣鉴、白马昙照、临济义玄，机缘皆不契，再参洞山良价，得悟嗣法，事师八载。咸通十年(869)洞山示寂，时居遁三十五岁，后受楚王马殷之请，住龙牙山妙济禅院。马殷封楚王在开平元年(907)，时居遁七十三岁。中间三十八年的行迹，因缺资

① 《英藏》(8)，1992 年，14 页上—下。又见徐俊《敦煌诗集残卷辑考》，中华书局，2000 年，625 页。

② 《英藏》(4)，1991 年，34 页下。

> 料，不得而知。我怀疑他可能在此期间山居南岳。他的山居诗大概后来为楚王所欣赏，应聘当了妙济禅院住持。假定《香严颂》的作者是一个人，那就是龙牙居遁。这只是一个推测而已。[①]

按，石井先生的推测不是没有根据的。居遁迁化后，门人编辑他生前所作的偈颂凡九十五首，求序于"衡岳沙门"齐己。齐己也在马殷割据湖南时召纳的文士之列。[②] 齐己、居遁都是石头一系禅僧，又善于偈颂，一定会在湖南衡岳下有交往关系。但是居遁所作编定为一卷95首的偈颂集，其中一两首见于别人集子里的相杂现象并不足以为怪。据笔者考察，《香严颂》第27、52首分别在《祖庭事苑》卷三、《从容录》第69则均引为灌溪志闲（？—895）作。这大概是作者的名字智闲误作志闲的结果，却从反面证明了两首偈向来是被认为智闲所作而流传的。第74首，日僧道元（1200—1253）在他的《正法眼藏·行持》引为智闲作。至于智闲是否到过南岳、翠微，传记里没有记载，但关于《香严颂》的作者，因为目前还没有否定智闲所作的材料，暂且归于智闲为宜。问题是金泽文库本《香严颂》七十五首是以山居乐道、歌颂无事为主题，具有一贯性的连作，这与其他如《祖堂集》《景德传灯录》等所收的香严偈颂在形式上、思想上有所不同，却与《龙牙和尚偈颂》相类似。这就是相杂混淆的原因，也就是《祖堂集》《景德传灯录》等不采用这类偈颂的原因。

二、金泽文库本《香严颂》覆校

由罗时进先生整理的《日本金沢文库藏抄本〈香严颂七十六首〉》，[③]2003年在中国首次发表，对晚唐时期禅僧文艺创作

---

① 《潙仰宗の盛衰》(6)注54，载《驹泽大学佛教学部论集》第24号，1993年。

② 孙昌武《禅思与诗情》第11章"唐五代诗僧"，中华书局，1997年，339页。

③ 见《中华文史论丛》总第71辑，上海古籍出版社，2003年，53—66页。

的研究有一定的参考价值。遗憾的是，笔者给罗先生提供此份资料时，曾提出过的两个建议却都没能实行，结果影响到他所作校录的质量。两个建议是：一，在石井修道先生曾赠送的金泽文库抄本《香严颂》的复印件和他所作的两种校录[①]的基础上，在中国发表校录时，一定要考察金泽文库所藏的原抄本，这是文献调查的原则，否则不能保证校录质量；二，石井先生在《潙仰宗の盛衰》(6)的注释中对作者问题作了一些考证（见上）。另发表校录时，应把它翻译提供给中国国内学者作参考。然而罗先生不但没有履行这些不可缺少的学术程序，而且没有把石井先生改进后的第二个校录的成果反映在自己的录文中，反而在校记中指出“整理排印本”（指第一个校录）的错误。这显然是不公平的处理态度。

由于多种中国古籍在日本寺院里得以保存下来，素有“日本和敦煌是唐代文化的两翼”的说法。随着中日两国学术界交流的进展，这些文化遗产渐渐供学者公开利用。这无疑是学术界的一大幸事。我们于学术资料应当持对学界公开的原则，因为宝贵资料需要有见识的诸多学者的认真阅读与研究，才能展现它具有的真正价值。然而当考察日本写本时，我们应当注意它的书写体例与特征：日本人抄写的中国古籍的文本，错别字较多。其错别字往往是以与日语读音相同的汉字来代替的。有时字旁用日语（片假名）写读音或字义，我们可以据此推知原来的正字；写本上有校改符号（乙倒、补入等），系书写者的自校；字旁添写有异文（符号“イ”）、校语（“……欤”）等，我们应当据此校录。因为我们依据写本的文字来作判断，《香严颂》写本上的这些异文和符号也是由书写者同时写上去的。罗先生没

① 石井修道先生第一个校录本载《金泽文库资料全书·佛典第一卷·禅籍编》，神奈川县立金泽文库，1974 年；后来再加考订的第二个校录本载《潙仰宗の盛衰》(5)，《驹泽大学佛教学部论集》第 22 号，1991 年。

有注意到《香严颂》写本上的这些校勘学上有益的信息，结果导致了令人失望的杜撰录文。

笔者于 2003 年 10 月 3 日在金泽文库长高桥秀荣先生的支持与帮助下，对《香严颂》进行了实地考察。今根据考察的成果对罗时进先生的校录四十首作覆校。《香严颂》七十六首的编号是石井先生发表第一个校录时所加，罗录沿用。

> 1. 道情不与世情交，三毒同缘次第抛。果熟任他山鸟采，岩前自有虎来跑。

按，第二句，“同”写本实作“因”，纳富、石井校录本同。“三毒因缘”谓贪瞋痴。第四句，“跑”写本实作“爮”，纳富、石井校录本同。慧琳《一切经音义》卷七九引《经律异相》卷三一：“爮地：鲍包反，俗字也。或作捊。以前脚包地，牛虎猫犬之怒也。或作抱。《韵英》云：‘引取也。’亦无定体。”[①]此谓老虎欲猛扑的姿势。“爮”字有旁训“ツマカク”，正是此义。

> 2. 衣穿映水裁云补，火尽囊中取石敲。闲学竺乾林下坐，纵它顶上鹊来巢。

按，第四句，“纵（縱）”写本作“從”。罗录校记②：“当训为‘纵（縱）’。”“從”“縱”实为古今字，不烦改。

> 3. 幻入空门寂是非，头陀年老转稍微。钵中富有千家饭，身上青寒一衲衣。

按，第一句，“幻”当校作“幼”。因为有旁训“シテ”，说明书写者读成“オサナクシテ”，日语为幼少义。“幼”与下句“年老”为对。罗录校记③、④于第二、四句指出：“稍”“青”字旁添“精”“春”字，“盖为异文”。按，旁书实为“精イ”、“春イ”，是标出异

---

① 《一切经音义》，上海古籍出版社影印，1986 年，3106 页。

文的符号(“亻”谓“一本”),当据校改。

4. 乞食奇霄龙已伏,经行宴坐虎曾围。不知今赴何天请,锡杖遥担云水飞。

按,第一句,“奇”写本实作“寄”。纳富校录正作“寄”。“霄”通“宵”,二字古代通用。对“寄霄”二字的校释,承蒙刘长东先生的指教。兹谨照录:“‘寄霄’似当作‘倚霄’,倚者倚天长剑之倚也;霄者云霄、霄汉也。龙飞在天,故言‘乞食倚霄龙已伏’,且与后‘不知今赴何天请,锡杖遥担云水飞’在诗之意象相合。宋陈与义《简斋集》卷一一《次韵王尧明郊祀显相之作》:‘奏书初不待衡谭,奠璧都南万玉参。黄屋倚霄明半夜,紫坛承月眩诸龛。声喧大吕初终六,影动玄圭陟降三。可是天公须羯鼓,已回寒驭作春酣。’”

6. 溪边月白真堪玩,岭上松青更好看。浮世不知真入处,白云空锁又□开。

按,第一句,“玩”写本实作“翫”,纳富、石井校录本同。第四句,“开(開)”写本实作“關”,纳富、石井校录本同。“關”“開”俗写形似,但此处有旁训“トサシ”(日语“关锁”义)可证。“看”“关”,寒、删韵通押。

7. 心如朗月连天净,性似寒潭彻底清。无价夜光人不识,凡夫虚度几千生。

按,第一句,“如”字原破损,可从旁训“シ”判断书写者读成“コトシ”(日语“如”义)。罗录无校记。

8. 任运随缘老比丘,一生无事也无忧。白云纵听飞将去,存得青山在即休。

按,第二句,“忧(憂)”写本原作“優”,罗录径改作“憂”,当出校记。第三句,"纵(縱)"原作"従",不应改。第四句,"在"字旁写"存イ"标出异文,当据校改。"在""存"二字日语同训,因而致误。此句又见第31首,同。

14. 一瓶一钵一条藤,行尽青山几万层。若问老僧真姓学,大唐天子福田僧。

按,第二句,"层(層)"写本原作"曾",石井校作"層",罗录因之,当出校记。第三句,"姓"当据石井校改作"性"。二字同音假借。《祖堂集》卷一八《仰山章》:"沩山道:'凡圣情尽,体露真性常住,事用不二,即是如如佛。'"

23. 任听鱼龙吞碧海,纵飞鸾凤入清冥。终朝不碍方袍客,坐对孤云倚石屏。

按,第二句,"纵(縱)"原作"従",不应改。"飞(飛)"当校作"教"。因"飛""教"二字草体形似致误。"任听""从教"同义对举。"清"当校作"青","青冥"又见第17首。

26. 野僧无喜亦无忧,只为从来得自由。身似浮云心似月,浮云不实月无秋。

按,第四句,"秋"疑当校作"愁"。"月无愁"比喻如月明净,即第一句所云"无忧"也。

28. 涧水煎茶折竹枝,袈裟令落任风吹。看经只有明窗下,叶落花红总不知。

按,第二句,"令"当校作"零"。第三句,"只"写本实作"祇"。"有"当校改"在",因"有""在"日语同训致误。

30. 一入青山便爱山,无心更拟出人间。但看流水长年急,何似浮云觅日闲。

第四句,"觅(覓)",罗录校记⑨:"整理排印本中,此字作

‘覔’;覆勘抄本,似当为‘覺’字。”按,写本作“覔”无疑。然后据旁训“ヒネムスニ”(日语“尽日”义)判断,当校作“尽”。

33. 三衣已备钵囊新,经行物外绝嚣尘。禅门得理禅门去,莫作浮生半路人。

按,第一句,“囊”写本作“襶”,增旁俗字。第二句,“嚣(囂)”写本实作“囂”,旁书日语读音“クワン”(kuan)可证。《说文·㗊部》:“囂,嘑也。从㗊,莧声,读若讙。”段玉裁注:“《玉篇》云:‘囂,荒贯切,与唤同。’按,《说文》无唤字,然则囂、唤古今字也。”又《说文·㗊部》:“嚣,声也。”《广韵·平宵》:“囂,喧也,许娇切。”因二字形义皆近,后世多用“嚣”,“绝嚣尘”诗偈中习见。①

34. 城郭喧喧笑复歌,乐人应少苦人多。空门寂寞无余事,自是时人不肯过。

按,第一句,“笑”,纳富校录作“哭”,是正确的。罗录因二字草体极似而致误。“哭”“歌”分别与“苦人”“乐人”对应。

36. 莫向人间定是非,是非定了后何为。知今休去便休去,若觅了时无了时。

按,第二句,“后(後)”疑当校改“复(復)”。因二字草体相近致误。第71首此句作“是非论得拟何为”。第三句,“知”,石井校作“如”,当从。第71首正作“如”。

37. 身着田衣不种田,唯将一钵望人烟。时人若问我家处,手指当心□本源。

按,第二句,“烟”写本作“煙”,当为“煙”之讹。第48首同。第四句缺字,石井拟补“是”字,可备一说参考。

---

① 参阅项楚《寒山诗注》第4首注,中华书局,2000年。

39. 茆檐静挂千山月，竹户闲开一片云。莫遣往来名利客，阶前踏破绿苔纹。

第一句，罗录校记⑪：“‘茆’字整理排印本误为‘苑’字。”按，石井第二校录本已订正。“檐”写本实作“簷”，不应肆改。第69首同。又第四句，罗录校记⑫：“阶，抄本和整理排印本写作‘楷’。”第68、69首作“堦”，此当据校作“堦”。

40. 曹溪石上净无尘，独坐林泉得任真。幽鸟自啼花自笑，不干岩下坐禅人。

第四句，罗录校记⑬：“‘干’，整理排印本误为‘于’。”按，此字写本原误作“于”。然因旁训“ハリアル”本为“カカハリアル”（日语“干预”义）的送假名，可知书写者本来就要写“干”字的。

43. 晚□□老见事难，不参宗祖不依山。平生只是□□我，空过光阴似等闲。

按，第一句二缺字，纳富校作“学叹”。罗录校记⑯：“‘宗’，抄本写作‘宋’，然本句与‘山’相对者当为‘宗’而非‘宋’。”纳富、石井第二校录本已校作“宗”。又第三句，罗录校记⑰：“第五字整理排印本为‘担’字，但抄本漫漶不清，读为‘担’字似无据。”纳富、石井校录本校作“担”，应是据原写本残划认出的。我们还可从旁训“モッ”（日语“持”义）来推断当为“担”字。又第六字据写本残划推断当为“人”字。“担人我”即扬己轻人、争胜负义，如大川普济禅师《枯髅人我担颂》：“一我一人装一担，不知出入几胞胎。铁围山岳高如许，撞破髑髅归去来。”①

44. 又学经书不□禅，事持难脚踏郊鄽。八十二□随时过，失却袈裟似等闲。

---

① 《大川普济禅师语录·偈颂》，《续藏经》第121册，343页。

第一句，罗录校记⑱："此句疑当为'不学经书不学禅'。"按，第一句缺字，石井校作"学"，罗录从之；纳富校作"习"。笔者细看写本，第六字当为"习"。

46. 出家修道莫修身，修身不是出家人。破布袈裟千万缀，不见贫僧拜贵人。

按，第三句，"万"写本实为"方"字。

47. 咫尺烟霞不见山，飕飕松竹异人间。朝廷朱子千般贵，争如岩下野僧闲。

按，第三句，"廷"写本实作"庭"。朝廷亦作朝庭，例如白居易《初授拾遗诗》："天子方从谏，朝庭无忌讳。"《白氏文集》中"朝廷"凡十四见，其一半作"朝庭"。"朱子"疑当校作"朱紫"，因音近致误（《广韵》子，精母止韵；紫，精母纸韵。日语读音全同）。"朱紫"指王侯贵显之属。《雪峰语录》卷下《偈语》："为报朝廷朱紫道，阎罗不怕佩金鱼。"罗先生对"朱子"大发议论："'朱子'系指可作帝王之人，此系唐乾符年间一种盛传之言。孙光宪《北梦琐言》卷十六记唐乾符中'洞晓天文，精通历数'之术士边冈谓荆州节度使晋国公后为诸道都统王铎云：'木星入斗，帝王之兆；木在斗中，朱字也。'孙光宪又云：'识者言，唐世尝有绯衣之谶。或言将来革运，或姓裴，或姓牛。以为裴字为绯衣，牛字着人，即朱也。'……由此可知这些诗偈可能写作于咸乾之际，但显然一部分已是乾符六年后的作品了。"（54页）罗先生在误字上立论，其实"朝庭朱紫千般贵"并非指特定人物。

48. 不用受他城郭住，青山自有野僧家。莫教衣上烟霞色，恋着人间桃李花。

按，第一句，"受"疑当校作"学"。

50. 老人若觅人间物，须向人间问古人。莫怪山僧无扫帚，都缘行处不生尘。

按，第三句，“帚”写本实作“箒”。

51. 一衲随缘万事休，同来补毳恣游闲。朝廷朱子百般贵，争似空门老比丘。

按，第二句，“同”写本实作“興”，纳富、石井校录本正作“興”，旁训“ヲキ”（日语“起来”义）可证。罗录因不识草体致误。“恣游闲”失韵，其实写本作“恣◦游闲”。“恣”和“游”中间的符号“◦”是书写者的自校：原漏写“闲”字，发觉后加“◦”号来表示补上“闲”字，作“恣闲游”。第三句，“朝廷朱子”当校作“朝庭朱紫”，说见上。

52. 抖擞多年穿破衲，繿纔一半逐云飞。拈来担向肩头上，也胜时人着绵衣。

按，第二句，“遂”当校作“逐”，旁训“ヲテ”（日语“追逐”义）可证。《睦州和尚语录》、《从容录》第69则所引正作“逐”。第四句，“绵”当校作“锦”，旁书日语读音“キム”（kim）可证。《睦州和尚语录》、《从容录》第69则所引正作“锦”。又第二句，“繿纔”《睦州和尚语录》作“襤毵”；《禅门拈颂集》卷一六《睦州章》作“襤襂”；《从容录》第69则作“[illegible]毵”。第三句，《睦州和尚语录》作“有时挂向肩头上”；《从容录》第69则“担”作“搭”。

54. 妙相□明是我身，本来清净绝纤尘。莫教一滴人间水，污我虚空白月轮。

按，第一句第三字，写本作“圆”，石井校录本同。罗录校记㉑：“第三字，整理排印本作‘円’，但在抄本中难以确认。”按，“円”为日本通用的“圆”字。但笔者查原写本确认其实作“圆”字。第二句，“尘”原字残损，基于残划与押韵推断。罗录无校记。

56. 九霄孤鹤偏宜静，百衲山僧不厌穷。为挂雪峰无一事，浮生一任是非空。

按，第二句，“厌（厭）”写本实作“猒”。《说文·甘部》：“猒，饱也，足也。”段玉裁注：“浅人多改猒为厭，厭专行而猒废矣。猒与厭，音同而义异。”

57. 登山坐石哭垂纶，终日浮沉波浪边。贪看百川无限水，不知何处是根源。

按，第一句，“哭”写本实作“笑”。罗录因二字为草体极似而产生误校。戴复古《寄赵茂实大著二首》之二：“应笑垂纶叟，愁吟对海云。”（《石屏诗集》卷二）第三句，“看”写本原作“著”，罗校是，应出校。《祖堂集》卷一五《五泄章》：“僧云：‘贪看天上月，忘却室中灯。’”《从容录》第 24 则：“万松道：‘雪窦贪观脚下，不知穿过髑髅。’”

58. 野老山根不下阶，霍眉一似雪分开。门前问取枯松树，少作沙弥亲手栽。

按，第一句，“阶（階）”写本实作“堦”。第二句，“霍眉”不成词，“霍”有旁书日语读音“サウ”（sau），可知字本应写“雙”的俗写“霻”（“靃”的省划，见敦煌文献 Φ. 096A《霻恩记第三》），[①]因此当校作“双眉”。

59. 日出光来照岳东，高岩堪看野花红。弥猴抱子松杖下，偷眼低头弄老翁。

按，第三句，“杖”疑当校作“枝”，因形似致误。

60. 拟欲移庵上碧峰，只愁云雾隔二重。惟闻月里长

① Φ.096A《霻恩记第三》，《俄藏敦煌文献》(3)，上海古籍出版社，1993 年，73—83 页。

生桂，不见山头冻花松。

按，第二句，"二"写本实作"千"。

62. 岩谷高低一径开，有僧修不惹尘埃。闲持经卷倚松立，笑问客从何处来。

按，第二句，"修"当校作"终"，因草体形似致误。作者谓"修身不是出家人"（第46首）、"本来清净绝纤尘"（第54首），故无作"修"理。

63. 日月凌空宁有持，孤云出岫本无心。三贤十圣由难见，八果学人何处寻。

按，第一句，"持"当校作"待"，旁训"マツ"（日语"等待"义）可证。石井校录本正作"待"。第四句，"八"石井校录本校作"小"，当从。"小果学人"谓小乘学人。

66. 学道先须削骨贫，直教心地绝纤尘。囊中若有青铜片，昭里神祈笑教人。

按，第四句，"昭"当校作"暗"，"昭"字旁书日语读音"アン"(an)说明本应写为"暗"。"祈"疑为"祇"之讹。"教"疑当校作"杀"，因与俗写"煞"形似致误。"暗里神祇笑杀人"，盖为"暗室亏心，神目如电"义。

67. 不是山僧逞倒狂，爱将破衲衣裳作。时人只见形骸丑，不见灵台一点觉。

第三句，罗录校记㉒："'骸'，抄本如是，整理排印本作'骇'，显误。"按，石井第二校录本已改作"骸"。

68. 石阶池畔有红莲，嫩蕊初生一两钱。莫怪不多遮水面，放他明月下秋天。

按，第二句，“蕊”写本实作“蘂”。《广雅·释草》《广韵·上纸》皆作“蘂”，不需改。杜甫《江畔独步寻花七绝句》之七：“繁枝容易纷纷落，嫩蘂商量细细开。”第四句，“放”疑为“妨”之讹。

70. 依山临水结茅堂，静室安禅一炷香。不是息心除妄想，都缘无事可量思。

按，第四句，“可量思”失韵，但细看写本作“可◦量思”，“思”字旁又有“レ”（乙倒符号），说明书写者已自校作“可思量”。石井校录本亦不误。

75. 端居宝刹绝征径，须感慈尊及圣朝。莫漫等闲空过日，十方信绝大难消。

按，第四句，“绝”，石井校作“施”，甚是。《临济录·示众》：“瞎汉！枉消十方信施，道我是出家儿，作如是见解。”

76. 纵使行藏混俗尘，为缘衣食少资身。世人不会山僧意，将为山僧命分□。

第一句，罗录校记㉘：“第六字，抄本原抄为‘浴’，后又在旁用小字重写一‘俗’字。‘俗’字是，整理排印本作‘浴’，误。”按，写本旁书实为“俗欤”二字，系书写者自校。石井校录本“浴”字旁照录“俗欤”二字。罗先生不知写本体例，又没有参考石井校录本，导致误校。第四句第七字，漫漶不清，考押韵字，疑应为“贫”字。

该写本第 76 首后，隔一行写“香严颂　毕”四字。而后又写两行一首偈：“扫地煎茶及把针，更无余事可留心。山门有路人皆到，我户无门那畔寻。”如上所述，这是龙牙居遁的作品。

（本文原刊于《中华文史论丛》第 84 辑，2006 年。）

南宋送别诗集《一帆风》成书考

一、以往的研究与课题

（一）《一帆风》是南宋近十年旅华日僧南浦绍明（大应国师，1235—1308）归国之际，宋代禅僧所作的送别诗偈集。在日本，南宋时期日中禅宗的交流研究向来是以虚堂智愚（1185—1269）为中心的，佐藤秀孝[①]、西尾贤隆[②]对此已有研究，该书的存在已为学界所知，但自陈捷《日本入宋僧南浦绍明与宋僧诗集〈一帆风〉》[③]介绍江户刊本《一帆风》的初刻本与增补本二种以来，中国的研究者也开始关注起来。

（二）中国研究者关注的是该书对《全宋诗》的辑佚价值。北京大学古文献研究所编《全宋诗》在初刻本所收四十四首中，仅收录了三首[④]。增补本在四十四首之外，尚增收二十五首。不过，对于这二十五首诗的性质，却有学者提出疑义。侯体健《南宋禅僧诗集〈一帆风〉版本关系蠡测——兼向陈捷女史请教》[⑤]，指出增补的二十五首虽以“水边送别”为统一主题，但送别对象无法确认为南浦，且送别者无一为虚堂弟子（对此，许红

① 佐藤秀孝《虚堂智愚と南浦紹明》（《禅文化研究所纪要》第 28 号，2006 年）。

② 西尾贤隆《“無尔可宣”筆墨蹟》（《中世の日中交流と禅宗》，吉川弘文馆，1999 年）、《虚堂智愚から南浦紹明へ》（西山美香编《アジア遊学》第 142 号《古代中世日本の内なる“禅”》，勉诚出版，2011 年）。

③ 《中国典籍与文化论丛》第 9 辑，北京大学出版社，2007 年，《東アジアの海域交流と日本伝統文化の形成——寧波を焦点とする学際的創生》研究成果报告书第四卷，2010 年；修订本日语版又载《蒼海に交わされる詩文》，汲古书院，2012 年。

④ 此因所据非《一帆风》而是《虚堂录》与《邻交征书初篇》所致。

⑤ 《中国典籍与文化》第 4 辑，凤凰出版社，2007 年。

霞论文已考证出其中三人是虚堂弟子),反对补入《全宋诗》,陈小法、江静《径山文化与中日交流》[①]亦持同样看法。对此,陈捷简单回应道:"增补本所加诗作,即便并非全部赠送给南浦绍明的送别诗,但不可作为毫无根据的增补而加以忽视。"(2012 年日语修订版)

(三) 许红霞《日藏宋僧诗集〈一帆风〉相关问题之我见》[②]检讨陈、侯论文,将南浦归国时期的通说咸淳三年(1267)冬订正为翌年六月以后(日本上一世纪柳田圣山[③]、佐藤秀孝、西尾贤隆等已加以订正)、考证了送别诗偈作者中包含虚堂的十七人(其中三人是增补诗作者)的经历。关于初刻本与增补本的关系,推测初刻本的刊行者是轮峰道白,增补本则是后人。这一推测是由于未亲见初刻本,不知增补本是原样利用初刻本版木、将题中的数字挖改而成的。在此方面,陈捷最初的叙述是正确的。

(四) 因此,今后应当研究的课题,首先是[一] 宋代送别诗偈集《一帆风》本身的研究。禅僧们所写的送别诗偈具有与俗人诗歌迥异的特征,有必要进行以其禅思想为背景的所谓南宋禅林文学的研究。[二]《一帆风》是通过江户刊本而为世所知,但致力于该书成书过程的研究尚未进行。这通过对新资料(书轴本)的利用始成为可能。此外,以往研究的不足之处是对增补二十五首的研究。这二十五首究竟是何性质?不当像从前的研究者流于表面的印象,而是有必要进行细心的读解并加以思考[④]。

---

① 第二章"南浦绍明与《一帆风》",上海辞书出版社,2009 年。

② 《中国典籍与文化论丛》第 11 辑,北京大学出版社,2012 年。

③ 《虚堂と大応との相契》,《禅学研究》第 49 号,1959 年。

④ 本稿讨论此处的第二个问题,关于《一帆风》(增补本)所收的诗偈、序跋、关联资料的全部译注与论考拟另行刊布。再者,《虚堂送别偈とその周辺》(与中瀬祐太郎合撰,《禅文化研究所纪要》第 32 号,2013 年)对虚堂智愚送别偈的相关诸问题有所论述。

二、《一帆风》的成书过程

刊行《一帆风》(初刻本)的轮峰道白(1636—1715),在卷末跋文中记录了其刊刻经纬:

> 禅之与诗,无有二也。禅者何?诗之酿于心而已矣。诗者何?禅之形于言而已矣。所谓诗从心悟得,字字合宫商。抑有诗于禅林也尚矣。班班乎唐,唱乎宋。宋僧诗卷行于世者甚多焉。就中《一飒风》者,南浦明禅师回樯之穐,一时髦英各声诗送旃,辑而颜是名也。余索之十最余,或得而不过其一二尔。甲辰夏,偶获完轴于神京古刹,凡四十有三章,首于惟俊,尾于可权。然而似之时人,或不以为然也。余虽于诗未窥斑,想其言之圆活奇绝,非巨禅硕师,讵能若斯耶?于是乎质诸圣寿一和尚,并匃言以为证。绣梓而布播,上以备先觉之慧目,下以便可畏之时习,俾之果造古之哲人禅诗无二,师友道重之域,不亦小补乎哉!冠以径山付法偈者,令读之人先知禅师之出自有据也。轮峰衜白敬识。

据此可知,他长期不断搜寻的《一帆风》"完轴"(四十三首)发现于"神京古刹",得到黄檗隐元弟子即非如一(中国僧,1616—1671)的鉴定,于宽文四年(1664)秋刊行,当时特意将原来"完轴"所无的虚堂偈与序置于该书开端。此处有三个问题值得讨论。

第一,"神京古刹"指的当是京都大德寺。《一帆风》书轴本有关的证言(见后)也大体上是大德寺塔头的住持。但是,轮峰道白为何要将发现"完轴"的地点说得如此含糊呢?大概也是由于人们怀疑此书为赝作而不能公开其出处吧。又,在初刻本"凡四十有三章,首于惟俊,尾于可权"处,因增补本增收二十五首之故,

"凡六十有七章，首于惟俊，尾于修善"，采取了仅挖改四个字的措施，却对增补二十五首诗的来源未置一辞，的确有些不可思议。此处似有着难以公表之原因，但目前尚无得知内情的线索。

第二，所谓即非如一的"鉴定"，指的是下列《一帆风》跋文：

南浦明禅师历遍宋国也。是布袋囊灰。诸尊宿各赠《一帆风》，大似为鲲栽翼，五百年后犹作涛声。明眼观来，寐语不少。

宽文四年岁次甲辰孟秋吉旦

黄檗后学一即非合十题 如一之印 即非道人

此即轮峰道白的所谓"鉴定书"，虽说令人瞠目，但必可知即非禅师读后是不持疑义的。他以诙谑的方式说，诸僧对南浦不必多此一举。这也的确是禅僧式的评论。不过，这一"鉴定"是针对初刻本(四十三首与苕溪慧明序)的，可知他并不知道增补本的情况。

第三，轮峰道白将《一帆风》完轴付梓时，将完轴所无的虚堂偈、序特别冠于书端，加上"首于惟俊，尾于可权"四十三首，凡四十四首。这一安排的理由是，"冠以径山付法之偈，以使读此者知禅师之出处有所据也"。轮峰道白所采的《径山付法偈》，见于南浦塔铭(《圆通大应国师语录》卷下)、《虚堂和尚语录》的新添部分，与《一帆风》文字几乎完全相同。

送日本南浦知客

敲磕门庭细揣磨，路头尽处再经过。明明说与虚堂叟，东海儿孙日转多。

明知客自发明后，欲告归日本。寻照知客、通首座、源长老，聚头说龙峰会里家私，袖纸求法语。老僧今年八十三，无力思索，作一偈以赆行色。万里水程，以道珍卫。咸淳丁卯秋。住大唐径山智愚书于不动轩。(《虚堂和尚语录》新添，《大正藏》第47册，1063a页)

轮峰道白将这一原有形式中的偈、序位置加以调整，置于《一帆风》的开端：

> 径山虚堂愚和尚送
>
> 南浦明公还本国并序
>
> 明知客自发明后，欲告归日本。寻照知客、通首座、源长老，聚头说龙峰会里家私。袖䊮求法语。老僧今年八十三，无力思索，作一偈以赆行色。万里水程，以道珍卫。
>
> 敲磕门庭细揣磨，路头尽处再经过。明明说与虚堂叟，东海儿孙日转多。

通过这一调整，如同在刊本中所见到的那样，在南浦归国之际，首先由虚堂赠偈，然后天台惟俊以下高足唱和，虚堂总括全部四十四首而作序，给我们一种次第井然的印象。但这并非原来"完轴"的形式，由江户刊本可知道以上内容。

下面笔者想考察一下致南浦绍明送别诗集《一帆风》的成书过程。首先，如上所述，至江户刊本《一帆风》形成前的过程（成为刊刻底本的"完轴"）已经明朗。这通过现存大灯国师墨迹《一帆风》卷轴本得以确认。也就是说，基于于日本的三种卷轴本新资料，可以考证江户刊本的成书过程。

在三种卷轴本中，一本现在为个人藏（谷安殷旧藏、北村美术馆寄托[①]），可以确认所在，另外二本见明治、大正期的贩卖目录所揭载照片（宫武庆之氏调查），现在存否未详。这里暂称之为第一本（池田清助家旧藏）、第二本（益田信世家旧藏）、第三本（个人藏）。写本诗偈如下（卷轴本三种照片，括弧内号码表示江户刊本所收诗偈的排列顺序）。

① 有五通附签的长卷（新井白石、玉僊宗斤、江西宗宽等四名，大心义统［附匾额"源深流弥长"］，龙岩宗栋）。

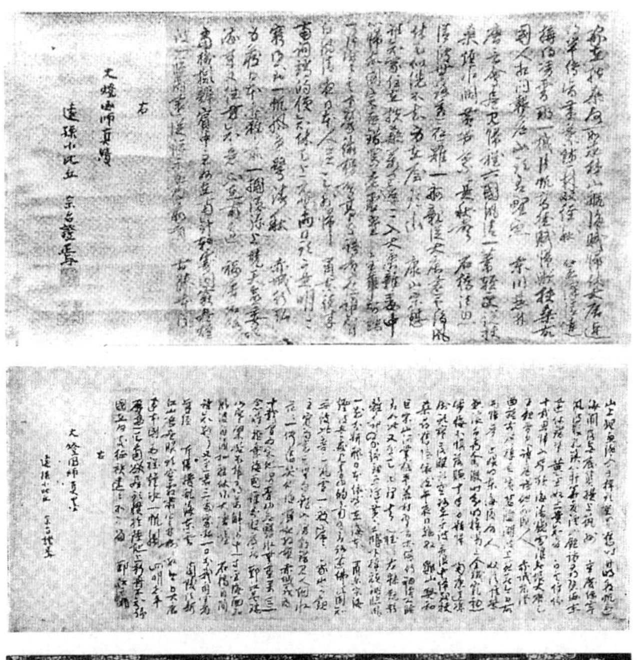

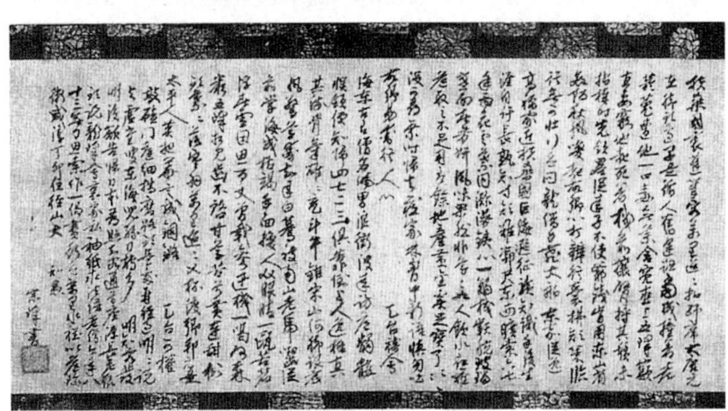

第一本　十八行九首［一五、二四、二五、一六、一七、四、五、二六、二七］（说明：丈一尺，巾一尺八寸）

第二本　三十行十五首［一二、一三、八、九、三〇、三一、三二、三三、二八、二九、二二、二三、三八、三九、四〇］（说明：竖一尺三分，巾二尺七寸三分）

第三本　三十行四首［四二、四三、四四、一］（纵 31.2×横 68.4 cm）

将此三本与江户刊本比较后，知第三本为原写卷之卷尾（第四二首、第四三首为七言十六句，第四四首为七言二十句。卷尾低一格书虚堂偈、序，凡六行。此相当于江户刊本第一首）。第一本短于其他二本，此三本诗偈合计较刊本仍少十六首。因此，推测第一本应当存在三十二行十六首的僚卷，原本作为卷首的第一本为五十行二十五首而被截作两断。即大灯国师墨迹《一帆风》写卷，大概原为全一百行、约 250 cm 的长卷，先被截作三段，继而相当于卷首的一本再被截作两段。截作三段的情况江户时代似已为人所知。在第三本（当时为谷安殷所藏）所附江西宗宽等人的附签（享保五年[1720]）云"后来裁为三幅，俱为好古者所藏"，龙岩宗栋附签（享保六年[1721]）云"一帆风壱轴，好事者断作三段"，大心义统附签（同年）云"今原其余轴，镇其某院，秘于某家，既而云以之为三"。

又，大心义统附签（享保六年）中，有些地方传递出该书在江户时代的珍贵信息：

> 南浦国师初绝深溟，遍游宋地，终抵径山，觏投虚堂师祖，大获记莂。既而欲还本土，师祖宠赏之，以七绝妆其行色。一时庶名衲，无不矜式，各声诗偈，亦赡祖道，浑缉之，其篇四十有二品，题为一帆风。咸淳三年，苕溪慧明冠引语而相流。国师东归后，门人裒之，贻厥塔所天源庵。然昔时有欝攸之凶，所裒之者，佥俱烬焉。所赖我之大灯祖，掌腾写之，为一轴矣。

根据这一记载，送别诗集《一帆风》南浦归国前在宋地完成，其原本因塔所天源庵（镰仓建长寺）火灾烧毁，仅传大灯国师的写本。如此一来，从江户刊本所附轮峰道白的刊记来看，他发现了与大灯国师书写本不同的"完轴"从而将之刊行。

问题在于大灯国师书写卷轴本第一、第二本的诗偈排列与江户刊本不同。其缘由何在？我们来看一下前列卷轴的江户刊本配列序号，虽然顺序不一致，但可知是以二首、四首为单位排列着的。这是因为尽管赠给南浦的送别诗偈当然是一人一首的，但清书时似乎首先是每二首一组，然后将全诗抄写成卷轴的。支持这一推测的是轮峰道白刊行跋语中的下列一段文字：

> 余索之十最余，或得而不过其一二尔。甲辰夏，偶获完轴于神京古刹，凡四十有三章，首于惟俊，尾于可权。

所谓所得"不过其一二"(即四首～八首)，指的当是据每两首一组抄写的，将本当两张的诗作书于一纸，或者将本当四张的诗作连续抄写于一纸的断简吧。又，如果每二首抄写，还会出现在卷子中抄写全诗过程中顺序的错误(错简)。书轴本与刊本排列顺序的差异，通过以上成书过程的推测或可得到说明。

如果概括以上内容，笔者推测江户刊本《一帆风》的成书过程大体如下。即南浦绍明咸淳三年(1267)秋冬之交，向其师虚堂智愚告以归国之意，在得到送别偈的同时，获得了有亲交的禅僧很多送别诗偈(实际是在自明州[宁波]归国的翌年夏季之间)。苕溪慧明虽然为咸淳三年冬命名为《一帆风》[①]的送别诗偈集作序，但未言及诗偈数量，此外还有显为致南浦的送别诗而未被收录的二首[②]。由此推测，南浦归国后将获赠的诗偈托付弟子，似乎自己并未亲自进行编集。获得的诗偈，最初当然

① 所谓"一帆风"，指一艘张满风帆的船只之意。唐末韦庄《浣花集》有二例。其一《送日本国僧敬龙归》诗云"扶桑已在渺茫中，家在扶桑东又东。此去与师谁共到，一船明月一帆风"。又，《一帆风》第三十九首四明志平诗亦有"今日辞唐还本国，万程烟水一帆风"句。

② 虚堂弟子无示可宣、禹溪一了的送别诗。参西尾贤隆论文(1999年)、佐藤秀孝论文(2006年)、许红霞论文(2011年)。

各个禅僧各书一首而成的。它们是保管于南浦的塔所天源庵(镰仓建长寺)火灾而烧毁的未编集之原本。将其中每两首一组抄写,这一阶段是二次抄本,结果编次出现混乱,产生了编次有异的《一帆风》写卷。反映这一情况的,其一是大灯国师的写本(书写年未详),另一个是轮峰道白江户时代宽文四年(1664)夏在京都大德寺发现的"完轴"。轮峰在卷首冠以虚堂的偈和序并于当年秋七月出版(初刻本)。大灯国师写本也在卷末补抄了虚堂的偈和序。该抄本享保五年(1720)前流出寺外,被截作三段,一本又再次被截为两段。轮峰不久再次发现了二十五首致南浦的送别诗偈,从而出版了在《一帆风》初刻本基础上进行增收的增补本。

三、增补二十五首诗之研究

下面成为问题的是增补二十五首的性质。由于轮峰道白增补本刊行时,原样利用初刻本的版木,增收二十五首,仅挖改了跋文中的四个字,由于这一姑息之举导致增补的二十五首来源不明,招致了有关《一帆风》本体的质疑。虽然了解其来源和增收情况的外部资料当下尚且阙如,但通过对二十五首诗本身的解读,可以从内在关系来加以推测。下面第八首是表明增补诗属于南浦所获赠送别诗的决定性证据。

《一帆风》增补第八首(德惟)

拨转船头向北看
全潮拍岸正漫漫
咨询童子不知有
空走百城烟水寒

【注释】

○ 本诗为七言绝句。押韵"看"、"漫"(《集韵》谟官切)、

"寒"的平声寒韵。作者德惟是虚堂《庆元府阿育王广利禅寺语录》三位编者的侍者之一(《虚堂录》卷三)。又,虚堂有《德惟侍者巡礼》诗(《虚堂录》卷七),墨迹藏德川美术馆,有"宝祐庚寅(1245)秋"记年(许红霞,2011 年论文)。

○"拨转船头向北看,全潮拍岸正漫漫",想像描写船出情景。"向北"是表示北的口语 。"全潮"指满潮,增补第五首(圆鉴)有此语。

○"咨询童子不知有,空走百城烟水寒",第三句说善财童子共计拜访了五十三位善知识,因不知道自身具备佛性而向外寻求。"不知有"指的是"不知(佛性)存有"之意。南泉普愿(748～834,马祖的弟子)的用语。第四句的"空走",江户刊本作"寒走",据下述南浦《观音赞》六首之六(《圆通大应国师语录》卷下《佛祖赞》)改:

云淡淡,水漫漫
普门现,不相谩
咨询童子未知有
空走百城烟浪寒

显然南浦的二句是从德惟送别诗借用的。《大正藏》本"咨"误作"吹",此据《一帆风》增补德惟诗校订。又,虚堂亦有"善财"诗(《贞和类聚祖苑联芳集》卷二,《虚堂录》未收)。

历尽南方只片时
百城烟水业风吹
如今到处无知识
撒手悬崖要见谁

"业风"原作"叶风",据《点铁集》所收改。虚堂、德惟、南浦(大应)三诗为同一主题,用语亦共通,故三诗显然有承继关系。"百城"指善财童子遍历都市数量的概数,《祖庭事苑》卷三(《雪窦祖英集》上"百城"条)指出出自《华严经·入法界品》"历一百一十城,见五十二善知识"。

本诗第三、四句将南浦的宋国行脚比作善财童子的遍历求法,说他"只不过白跑",乍看似有讽刺之意,但于此同时,正如善财最后得遇文殊师利而亲受点化那样,暗示南浦最终也获得虚堂印可而归国一事。此处表现出亲密的送别情绪。

这增补的第八首德惟诗,作者是虚堂的侍者,诗与虚堂咏善财童子诗的构思乃至用语都有共通之处,并且南浦赞袭用了德惟诗二句,由此来看,此诗毋庸置疑是赠给南浦的送别诗。

将南浦的宋国行脚比作善财童子的构思,还有《一帆风》本体第五首(赤城弘行)"南询端的便知休"、第二十六首(福唐若冰)"方知意不在南边"、第二十七首(古滕本闻)"妙在南针转动间"、第二十八首(象山可观)"的的南方有路还"、第三十四首(四明祖英)"南国自来无佛法"、第四十首(鄞江元明)"历遍天南欲尽头"、增补诗第十首(梵思)"几度遥看车指处,善财应恨路难行"等。将遍历表现作"百城"的,还有增补诗第二十首(仁宅)"未跨船舷亲荐得,分明百处一潮通"。尽管这是给日本僧送别诗中的常用构思,但仍成为《一帆风》送别诗的一大特征。

《一帆风》本体除去虚堂的四十三首诗,作者署名皆用地名、僧讳四字表示,与此不同的是,增补的二十五首仅用僧讳二字,这可证明增补二十五首是连续抄写的另一群组诗。这二十五首诗偈所咏季节,自秋冬跨到春夏,与《一帆风》本体四十四首的季节重合,我们推测增补诗是咸淳三年(1267)到翌年南浦归国在宁波等待顺风出帆时众僧赠给他的作品。余则未详。

附录：

《一帆风》书轴本（划线的字为异文）

池田本（《池田清助氏所藏书画屏风道具类入札》，1911 年）

15 家在扶桑何所求，梯山航海赋归休。大唐连得单传旨，黄叶堕林双径秋。（笠泽清达）

24 构得凌霄那一机，片帆高挂赋归欤。扶桑故国人相问，报道山头有鲤鱼。（东川慧林）

25 唐言会尽见归程，六国风清一苇轻。更说扶桑烟水阔，黄芦叶叶是秋声。（石桥法思）

16 清波无路透应难，一舸亲从大唐还。云净风休天似洗，不知身在屋头山。（康山宗憩）

17 谁知家住在扶桑，万里迢迢入大唐。杂毒中心归故国，定应错骂老虚堂。（金华智端）

4 一片寒云下翠微，橹声高处语声低。谁知月白风清夜，日本人从天外归。（甬东德来）

5 南询端的便知休，天上原无两日头。可是明明穷得到，一帆风急鹭涛秋。（赤城行弘）

26 身藏日本未离前，一掴须弥上梵天。命委危流来又往，方知意不在南边。（福唐若水）

27 当机拟辨宾中主，妙在南针转动间。穷尽烟波一沤尔，还从枢未发前看。（古滕本闻）

益田本（《益田信世氏所藏品入札》，1924 年）

12 山上鲤鱼才入手，掉头重买旧时舟。明朝帆遂海潮落，无底篮提上筑州。（重庆继宁）

13 风波眼孔铁肝心，华夏溪山饱访寻。碧海东还休错举，黄金如土贵知音。（白云惟汾）

8 十载思归入梦频，海涛翻雪浪无垠。大唐天子亲曾见，谁道谩他外国人。（赤城允澄）

9 典施客礼接来宾，茗沧湖波上苑春。今日故乡归梦远，眼明东海复何人。（双溪惟荣）

30 怒浪千寻奋激时，分明棒喝上全机。最初一步悔不慎，落赚十年方始归。（南康道准）

31 树头零落眼头空，路在千波万浪中。归到扶桑寻旧隐，依然午夜日轮红。（郧山契和）

32 巨宋山河掌样平，荒村野店亦堪行。衲僧公验有如此，又逐天风理去程。（左绵锐彰）

33 离却家乡到五峰，黄金扬下棒顽铜。临风一别分妍丑，日本依然在海东。（甬东宗海）

28 烟波尽处见青山，的的南方有路还。佛法固知无彼此，普天风雪一般寒。（象山可观）

29 主宾句里元无句，错入唐朝错见人。烟水茫茫一仍旧，咲他海底起红尘。（赤城义为）

22 十载曾为宋地僧，青山无翳水无尘。万年一念难抛弃，海国谁分眼底春。（鄞江昙瑞）

23 冰寒檗苦不推寻，万斛沙中一寸金。海面无风波自涌，扣舷休作大唐唫。（石桥自简）

38 谁知别了又逢君，三处家乡一日分。我自坐看峰顶□，听归拨乱海东云。（兰陵法新）

39 江山历尽眼头空，霜肃寒林树树红。今日大唐还本国，万程烟水一帆风。（四明志平）

40 历遍天南欲尽头，惯于陆地上行舟。不知乡国在何处，征袂遥遥不可留。（鄞江元明）

北村美术馆本

42 扶桑国里蓬莱客，万里迢迢扣师席。太唐元在脚头边，早是循人旧途迹。

当机撞着老莶菟，遭他一口毒无药。含冤直上五峰巅，直要穷他起死著。

机前攘臂捋其须，未拈棒时先领略。从来子不使爷钱，肯用东山省数百。

秋风唤起故乡心，打办行囊拂短策。临行无可壮行色，问龙借力飞大舶。(东嘉从逸)

43 高禅家近扶桑国，巨海遐征验知识。年后生涯自许长，孰知寸短难凭尺。

东西旷索六七年，雨花云叶固弥漫。铁心一触机颖脱，玻璃盏面春芳妍。

风味果然非草草，如人饮水应难道。取之不足用有余，地产黄金奚足宝。

了了了了没可寻，乘时归去藏家林。胸中新语慎勿吐，故乡易动行人心。(天台禧会)

44 海东古有僧名晓，冒浪冲波来访道。髑髅悮饮便知归，四七二三俱靠倒。

上人逸格真其流，骨气雄雄冲斗牛。钜宋山河脚跟底，风惊草动知来由。

蓦被南山老虎啮，从前学海成枯竭。手面换人双眼睛，一瓯苦茗浮春雪。

因思百丈曾载参，迅机一喝何森严。五峰相见齿不启，甘草苦兮黄连甜。

树头叶叶落寒羽，万里迢迢又杯渡。乡邦元是太平人，莫把华言成锢镕。(天台可权)

1 敲磕门庭细揣磨，路头尽处再经过。明明说与虚堂叟，东海儿孙日转多。

明知客自发明后，欲告归日本。寻照知客、通首座、源长老，聚头说龙峰会里家私，袖纸求法语。老僧今年八十三，无力思索，作一偈贶行色。万里水程，以道珍卫。

咸淳丁卯住径山大　智愚　　宗峰书

（金程宇　译）

（本文原刊于《域外汉籍研究集刊》第11辑，2015年。本文系在《一帆风》研究会的会读成果基础上写成。在此对授权大灯国师写本《一帆风》卷轴照片发表的北村美术馆木下收馆长的好意深表谢忱。2013年9月30日记。）

元代旅日高僧一山一宁禅师的偈颂和书法艺术

元代旅日高僧一山一宁禅师(1247—1317),元大德三年(1299)被迫做为两国通好大使渡航来日后,受到日本天皇和禅宗界的欢迎,担任过镰仓建长寺、圆觉寺、京都南禅寺等大寺院的住持,在日十八年中留下了两卷语录和很多书法作品。他的偈颂具有禅宗思想的特点,杰出的书法艺术也受到高度的评价,在日本文化史上都有很大的影响。他的文学艺术创作活动主要开展在日本,因此中国国内少有所闻。今年是一山一宁禅师圆寂700年,值此远讳之时,能有机会将这一位旅日高僧的艺术成就介绍到中国,我想这应该是一件很有意义的事情。

一、一山一宁禅师简历

禅僧的说法和对话的集录,一般称作"语录",而到唐末五代时期(10世纪)以后,加以诗偈作品来编辑,就具有一种类似文集的性质。如元代旅日高僧一山一宁禅师(1247—1317)的《一山国师语录》二卷(日本元禄四年[1691]版),除了他住持的七会语录以外还收录了"拈古"、"颂古"(均为对古人事迹用诗歌形式的评论)、"偈颂"(随时的诗咏)。示众说法时也会有采用诗偈形式来表述他的感慨。这些禅僧的偈颂作品,其风格和一般的诗人的诗迥然有异,多有表述带禅宗思想特点的感慨,我们可以称作"禅文学"。

一山一宁禅师生存在南宋末期到元代初期的中国,最后的十八年间在日本生活,到71岁在京都南禅寺迁化。下面是他的简略年谱[①]：

1247　生于南宋台州临海县(浙江省)。俗姓胡氏。

1272　南宋咸淳八年，于阿育王寺顽极行弥禅师膝下开悟(26 岁)。

1284　元至元二十一年，昌国(今浙江省舟山市定海区)祖印寺住持(38 岁)。

1294　元至元三十一年，同普陀山宝陀观音禅寺住持(48 岁)。

1299　元大德三年，五月作为妙慈弘济大师、江浙释教总统被命令渡航日本。八月从宁波出发，到博多后赴镰仓递交国书。后被编置伊豆修禅寺。十二月赴镰仓任建长寺住持(53 岁)。

1301　日本正安三年，兼任圆觉寺住持(55 岁)。

1302　日本正安四年，辞建长寺住持，专任圆觉寺住持(56 岁)。

1306　日本德治元年，因患眼疾退圆觉寺，到建长寺养病(57 岁)。

1309　日本延庆三年，任净智寺住持(63 岁)。

1313　日本正和二年，任京都南禅寺住持(67 岁)。

1317　日本文保元年，十月二十四日于南禅寺示寂(71 岁)。敕立塔“法雨”，赠国师号，赞像有“宋地万人杰，本朝一国师”之语。

二、《五灯会元一山抄》简介

一山弟子虎关师炼撰写的《一山国师行状》称：

> 师性慈和无涯岸。近世执道柄者，严庄威重，以为法助，且梔鞭也。师孤坐一榻，不须通谒，新到远来，出入无

① 中国出版有两本专著：楼筱环、张家成《元代普陀山高僧一山一宁》，宗教文化出版社，2009 年；释觉多《赴日元使一山一宁禅师及其禅法》，宗教文化出版社，2013 年。介绍其研究情况有专文：霍耀林、车才良《一山一宁研究述评》，载《人间生活文化研究》第 23 号，2015 年。

> 间。人便于参请。禅策中无索隐，仅《事苑》而已。往往漫下雌黄者多，江湖患之。及师至，理阙疑。然言语不通，乃课觚牍，只字片句，朝咨暮询。师道韵柔婉，执翰酬之。教乘诸部、儒道百家、稗官小说、乡谈俚语，出入泛滥，辄累数幅，是以学者推博古。又善鲁公屋漏之法。携纸帛乞扫写者，铁阃或可折矣。①

这里虎关师炼介绍了两件事：第一，一山禅师为参问僧解释禅宗语录中难解的词语；第二，对于众多日本僧俗请求，一山禅师答应挥毫写字。

一般的情况下，中国禅师来日本后，在上堂说法时，凭着翻译者传达表述禅理②；另外，还通过笔谈的方式来指导禅僧。笔谈的方式虽然可以沟通两方的意思，但是这不一定达到两方的满足，有时候倒是很不自由。日本京都相国寺等保存了两位禅僧通过笔谈进行对话的文书，我们从中可以窥见实际情况：

第一纸，京都柳孝一藏

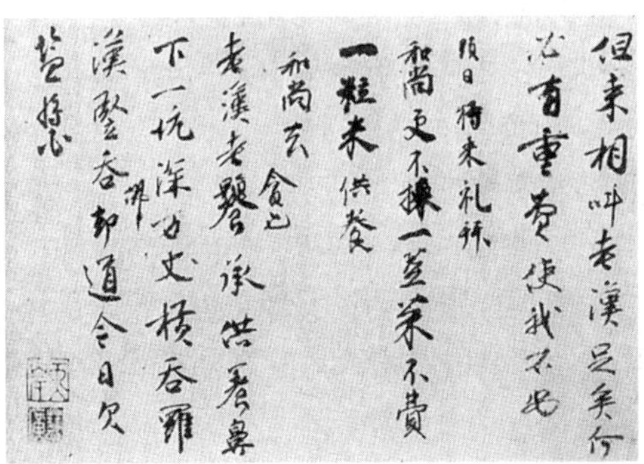

① 《济北集》卷十，上村观光编《五山文学全集》第一卷，思文阁复刻版，1973 年。

② 馆隆志《鎌倉期の禅林における中国語と日本語》，《驹泽大学佛教学部论集》第 45 号，2014 年。

【祖元】但来相叫，老汉足矣。何必有重费，使我不安？

【显日】显日特来礼拜和尚，更不拣一茎菜，不费一粒米，供养和尚去。

【祖元】老汉老饕（贪也）承供养，鼻下一坑深万丈，横吞罗汉竖吞佛，却道今日欠盐酱。

第二纸，京都鹿苑寺藏

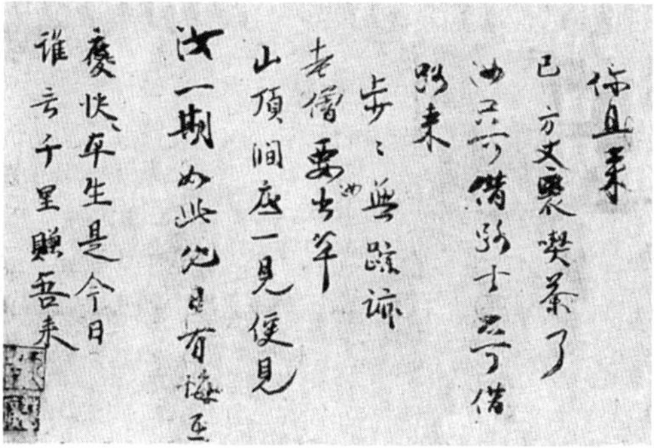

【祖元】你且来！

【显日】已方丈吃茶了。

【祖元】汝只可借路去，不可借路来。

【显日】步步无踪迹。

【祖元】老僧要汝出草。

【显日】山顶涧底一见便见。

【祖元】汝一期如此，他日有悔在！

【显日】庆快平生是今日，谁言千里赚吾来？

第三纸，京都相国寺藏

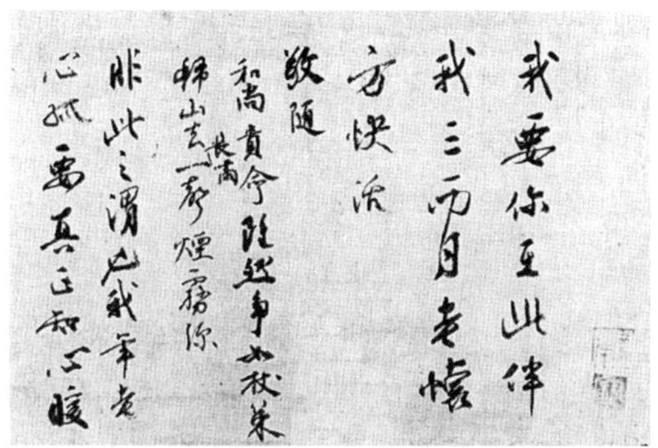

【祖元】我要你在此伴我三两日，老怀方快活。

【显日】敬随和尚贵命。虽然，争如杖策归山去，长啸一声烟雾深。

【祖元】非此之谓也！我年老心孤，要真正知心暖……

这是中国禅僧无学祖元(1226—1286)和日本僧高峰显日(1241—1316)一次笔谈的记录，[①]显然可见两人话说得不对头，真是莫明其妙。一山禅师则“试以偈颂，选能作者许挂搭”。[②]这就是说一山禅师53岁时被迫到日本来，他年龄已高，不懂日语，因此他接受门弟时，要求他写一首诗(或写一首和诗)，判断他有无修行能力。另外，日本禅僧向他请教禅宗语录中难解的词语时，一山禅师亲切地拿笔写字给他们解释。日本京都建仁寺两足院保存了一本称作《五灯会元一山抄》的

---

① 日本弘安四年(1281)。图版据《解説版 新指定重要文化財 8 書跡・典籍・古文書Ⅱ》，每日新闻社，1983年。无学祖元于弘安二年(1279，元至元十六年)应镰仓幕府执权北条时宗之请来日本任建长寺住持。

② 《梦窗国师年谱》正安元年(1299)条：“师(梦窗疏石)二十五岁，又出洛阳(京都)，入东关，以慕一山也。山既领巨福(建长寺)席。海内衲子风望竞参，山试以偈颂选能作者许挂搭，且分上中下科。是日召衲子数十人，就方丈试，登上科者二人，师其一也。”《续群书类聚》第九辑下第233卷，续群书类聚完成会，1958年。

抄本：

> 抄本外题“五灯会元抄　自一至廿　一山抄　全册”，卷头写“五灯会元抄”，卷尾写“一山抄”，表纸纸背为有文明四年(1472)纪年的文书；书尾写“此一册者特芳杰和尚之手迹也。关山—授翁—无因—日峰—义天—雪江—特芳”。全书32张纸，约有900多条对《五灯会元》词语的说明。①

《五灯会元一山抄》是由特芳禅杰(1419—1506，京都龙安寺中兴之祖)书写的。据说这是一山禅师对《五灯会元》的词语所作的注释。我看了这本抄本的复印件，却认为一山禅师不会对《五灯会元》这本禅籍下注释，这大概是他用笔谈的方式给提问的僧人回答解释《五灯会元》词语的记录。900多条注释可能不一定全部是一山禅师所作。现在介绍几条“山曰”形式的注释如下：

> (1)【俯及丱岁】山曰：“才及。音甫；甫，始也。”

案：中华书局版《五灯会元》卷三《汾州无业禅师章》：“甫及丱岁，行必直视，坐即跏趺。”(163页)校记：“‘甫’，原作‘俯’，据续藏本改。”《五灯会元》宝祐刻本、《景德传灯录》卷八均作“俯”。驹泽大学藏《景德传灯钞录》谓：“别本‘俯’作‘甫’。”

《汉语大字典》第1册“俯”条谓：“用同‘甫’。刚刚；才(才)。宋王安石《答杨忱书》：‘又思昔者得见于足下，俯数刻尔。’”(182页)一山注“俯”为“甫”字的同音假借。

① 绪方香州《禅宗史籍の註釈について—五燈会元抄を中心として—》，《禅学研究》第59号，1978年。

(2)【大宜小宜】山曰:"'宜'字与'便'字同用也。'大宜东北角,小宜僧堂后。'"

案:《五灯会元》卷四"赵州从谂禅师章":"问:'学人有疑时如何?'师曰:'大宜小宜?'曰:'大疑。'师曰:'大宜东北角,小宜僧堂后。'"赵州故意把"疑"通用"宜"(《广韵》:"疑,语其切",疑母之韵;"宜,鱼羈切",疑母支韵。宜,即利或便利)来戏弄僧人说:"你要大便就去东北角,要小便就去僧堂后。"僧人本意要说:我对"即心是佛"的说法抱有怀疑,请和尚解惑。赵州认为"即心是佛"的道理,只能本人承担,不必怀疑。《赵州录》:"问:'从上至今,即心是佛。不即心,还许学人商量也无?'师云:'即心且置,商量个什么?'"

可见这两条注释对《五灯会元》的词语研究很有参考价值。因为这是同时代的禅僧对"禅语"所作的注释。一般来说,禅僧不会对他们所使用的词语下注释,仅仅是因为他在中国国外,受到外国人提问的特殊情况下才产生了这种注释[①]。

三、日本留下来的一山一宁禅师书法作品中的偈颂

据《书的国宝·墨迹资料集》[②]所著录,一山一宁禅师书法作品达到115幅之多,但目前下落不明的占多半。[③] 今年是一山一宁禅师圆寂700年,我们作为远讳纪念编辑《一山一宁墨

① 睦庵善卿《祖庭事苑》是一个例外。他慨叹当时普遍存在禅僧误解"禅语"的情况而发愤著这本书,结果受到了禅宗界人士的批评。参见拙论《禅籍的校雠学》,《中国俗文化研究》第1辑,巴蜀书社,2003.中国人在日本被问汉语词义就给予解释,《游仙窟》的旧注即是其例,参见拙论《游仙窟旧注辨证》,《日本中国学会创立五十年记念论集》,汲古书院,1998年。

② 《書の国宝·墨蹟資料集》大阪市立美术馆、五岛美术馆编《書の国宝》附录,读卖新闻社大阪本社,2006年。

③ 因为该目录中的作品多半采自拍卖目录,所以目前下落不明的占多半。

迹集》,收录了 30 幅的图版和详细的译注 。[①] 下面我选其中的 5 首作品介绍给大家共赏。

(1)《园林清暑偈》

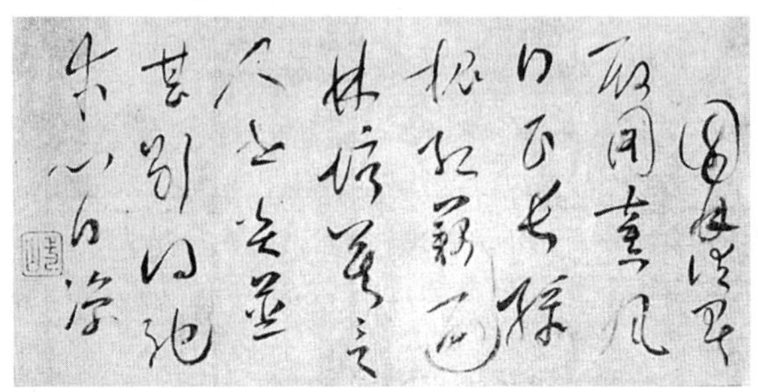

殿阁薰风日正长,绿槐红藕遍林塘。莫言人世炎蒸甚,歇得驰求心自凉。

【注释】

○ 本墨迹为五岛美术馆藏(益田纯翁旧藏)。图版据《续禅林墨迹》第一三二图。此偈收录于《一山国师语录》卷下偈颂,"遍"作"徧"(《干禄字书》:"遍通,徧正")。

○ **殿阁薰风日正长** "殿阁薰风"用柳公权续唐文宗的联句"熏风自南来,殿阁生微凉"。《旧唐书》卷一五一《柳公绰传附柳公权传》:

> 文宗夏日与学士联句,帝曰:"人皆苦炎热,我爱夏日长。"公权续曰:"熏风自南来,殿阁生微凉。"时丁、袁五学士皆属继,帝独讽公权两句,曰:"辞清意足,不可多得。"乃令公权题于殿壁,字方圆五寸,帝视之,叹曰:"钟、王复生,无以加焉。"

① 《一山一宁墨迹集》,日本静冈县伊豆归一寺出版,2016 年。

"薰风"实际上是夏天五月的热风,"薰风自南来,皇帝所住的殿阁里却自然微觉凉爽"。此含讽喻意。宋苏东坡续之,进一步敷衍:

> 一为居所移,苦乐永相忘。愿言均此施,清阴分四方。(周密《齐东野语》卷一八"薰风联句"条)

柳公权的这两句很有名,后来禅僧也常常在他们的对话中引用了。

○ **绿槐红藕遍林塘** 园林池子边的绿槐、池中的红莲互相映照很美。此当为一山嘱目之句。"藕"(上声)原意为莲根,但替"莲"(平声)用来合平仄。

○ **莫言人世炎蒸甚** 此句据文宗"人皆苦炎热"。为合平仄替"热"(入声)用"蒸"(平声)。

○ **歇得驰求心自凉** "歇得驰求"就是《临济录》常说的"你若能歇得念念驰求心,便与祖佛不别"。作者或许想起《洞山录》中的一次对话:

> 僧问:"寒暑到来,如何回避?"师曰:"何不向无寒暑处去?"云:"如何是无寒暑处?"师曰:"寒时寒杀阇黎,热时热杀阇黎。"

一山偈后两句针对柳公权、苏东坡的讽喻站在禅宗的立场来批评。但这个批评大概不是对别人说教,而是他的自言自语。因为是夏天,一山自己也觉得很热。白居易《苦热　题恒寂师禅室》诗有云:

> 人人避暑走如狂,独有禅师不出房。可是禅房热无到?但能心静即身凉。(《白氏文集》卷一五)

晚唐杜荀鹤《夏日题悟空上人院》诗又云:

> 安禅不必须山水,灭得心中火自凉。(《全唐诗》卷六九三)

现在中国人也常说:"心静自然凉。"这是中国人的生活智慧,一山所说的“歇得驰求”就是“心静”。

(2)《如意轮观音像赞》

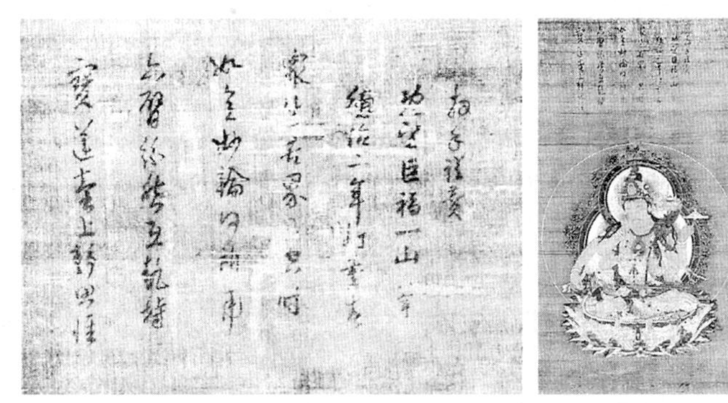

宝莲台上静思惟，六臂纷然互执持。如意妙轮何所用？众生苦界已空时。德治二年丁未季春既望　巨福山一山一宁拜手谨赞

【注释】

○ 本墨迹为松尾寺(京都府舞鹤市)藏。图版据《开山千三百年西国二十九番札所松尾寺》，松尾寺发行，2008 年。《一山国师语录》未收此赞。

○ **宝莲台上静思惟，六臂纷然互执持**　两句描写如意轮观音像。据《观自在菩萨如意轮瑜伽》(唐不空译，《大正藏》第 20 册)：“(右)第一手思惟，愍念有情故。第二持意宝(如意宝珠)，能满一切愿。第三持念珠，为度傍生苦。左按光明山，成就无倾动。第二持莲手，能净诸非法。第三手持轮，能转无上法。六臂广博体，能游于六道，以大悲方便，断诸有情苦。”如意轮观音如此六臂分别持如意珠、法轮等宝器，结印入六道，救济众生的苦难。“纷然”，形容多手纷乱。“互”为“各互”而非“互相”意。两句用禅僧讽刺的目光观察如意轮观音的六臂。

○ **如意妙轮何所用**　“如意”，如意宝珠，即摩尼宝珠，具有除灭众生病苦的功德。“妙轮”，转法轮，为救济众生说妙法的譬喻。“何所”是“何”的双音节口语复音词。此词多见后汉以来的汉译佛典中，得知为当时的口语词。“何所用”等于“何用”，意为“无所用”。

○ **众生苦海已空时** 此句作者站在禅宗的立场上揶揄密教执着于救济众生的思想。《金刚般若经》：“所有一切众生之类……我皆令入无余涅槃而灭度之。如灭度无量无数无边众生，实无众生得灭度者。”就是说实际上不会有“佛菩萨救济，众生被救济”。《六祖坛经》谓：“善知识心中众生，各于自身，自性自度。何名自性自度？自色身中邪见烦恼、愚痴迷妄，自有本觉性，将正见度。既悟正见，般若之智，除却愚痴迷妄，众生各各自度。邪来正度，迷来悟度，愚来智度，恶来善度，烦恼来菩提度。如是度者，是名真度。”假如有“救”“被救”，那就是众生以他本来具有的自性来救济自己，无须区别佛与众生。因此临济义玄说：“约山僧见处，无佛无众生，无古无今，得者便得，不历时节。”当时的日本禅宗带有浓厚的密教色彩，因为僧人出家后，一般都去天台宗比叡山学佛，即使是弃教学禅也不能完全摆脱密教思想的影响。作者是针对此种情况而发言的。

○ **德治二年丁未季春** 德治二年丁未(1307)，一山62岁，任巨福山建长寺住持时作。

(3)《镜堂老子写金刚般若波罗蜜经序》

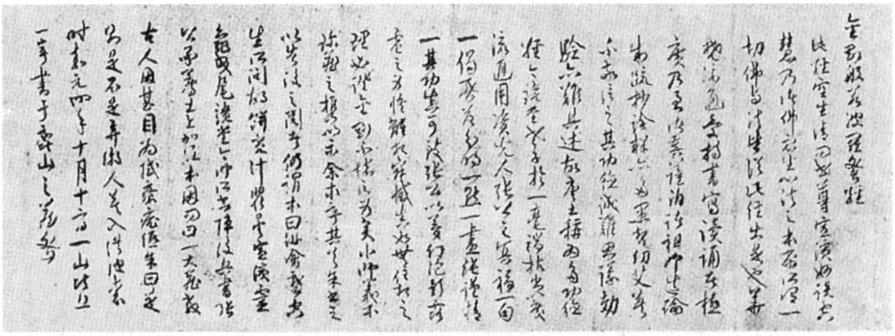

金刚般若波罗蜜经

此经空生请问，世尊宣演，妙谈空慧，乃诸佛众生心法之本源，所谓一切佛与法皆从此经出，是也。华梵流通，受持书写，读诵者极广。乃至诸菩萨洎诸祖师，造论制疏抄，诠释亦多。愚智幼艾，莫不敬信之。其功德诚难思议，效验亦难具述。故唐土称为多功德经。

今镜堂老子于一毫端拈出，以广流通，用资先人张公之冥福。一句一偈，历落分明；一点一画，纯谨精一。其功真可致。张公以梦幻泡影露电之身，悟离相寂灭、真如无住相之理，必证金刚不坏之身矣。

小师义本珍藏之，携以示余求序其首。余书之以告后之阅者，仍谓本曰："汝会么？空生所问，胡饼觅汁；瞿昙宣演，灵龟曳尾；镜堂令师所书，阵后兵书；张公承荐，土上加泥。"本因问曰："一大藏教，古人因甚目为拭疮疣底？"余曰："是则是，不是弄潮人，莫入洪波里。"时嘉元四年十月十二日，一山比丘一宁书于鹿山之藏密。

【注释】

○ 本墨迹为大阪万野美术馆藏。被指定为重要文化财。图版据《国宝·重要文化财大全·第八 书迹下卷》，每日新闻社，1999 年。《一山国师语录》未收此序。

○ **此经空生请问，世尊宣演，妙谈空慧，乃诸佛众生心法之本源** 鸠摩罗什译《金刚般若波罗蜜经》是世尊对须菩提问修行者的用心而说出离去执着(空)的智慧的一部经典。僧肇《金刚经注》："此经本体，空慧为主。"但不用空的术语，用"不住相""不取相""无所得"(不妄想，不执着)等的说法来表述。"空生"为佛弟子中称作"解空第一"的须菩提之汉译名字。天台智𫖮《金刚般若经疏》："须菩提翻空生，亦名善吉。"

○ **所谓一切佛与法皆从此经出，是也** 此据《金刚经》"一切诸佛及诸佛阿耨多罗三藐三菩提法，皆从此经出"。悟觉此经所说的空慧之人成诸佛，诸佛所说的也是空慧。

○ **华梵流通，受持书写，读诵者极广。乃至诸菩萨洎诸祖师，造论制疏抄，诠释亦多** 《金刚经》在印度也很流行，梵文原典还遗留在西域、西藏、中国、日本；汉译有鸠摩罗什、菩提流支、真谛、玄奘、义净等八人译本。到唐代，玄宗分别代表儒道佛三教为《孝经》《老子道德经》《金刚经》下注释，禅宗也很重视《金刚经》（参见拙论《唐玄宗〈御注金刚般若经〉的复元与研究》，《花园大学文学部研究纪要》第36号，2004年；又收于本书中编）。广泛抄写《金刚经》的现象，见于敦煌写经中，其中《金刚经》占多数，仅次于《法华经》的地位。隋唐时代对鸠摩罗什译的注释活动也很旺盛。

○ **愚智幼艾，莫不敬信之。其功德诚难思议，效验亦难具述。故唐土称为多功德经** 唐代以后产生了多种记录《金刚经》功德的《金刚经》故事，后来集成为萧瑀《金刚般若经灵验记》、孟献忠《金刚般若经集验记》、卢求《金刚般若经报应记》、段成式《金刚经鸠异》等书，故事中称《金刚经》作"功德经"。详见拙论《地狱中的救赎——论〈金刚经〉"灵验谭"的意义》（《兴膳教授退官记念中国文学论集》，汲古书院，2000年；又收于本书中编）。

○ **今镜堂老子于一毫端拈出，以广流通，用资先人张公之冥福** 镜堂即镜堂觉圆（1244—1306），四川人，嗣法环溪惟一。弘安二年（1279）与无学祖元渡日，住持圆觉、建长、建仁寺后，嘉元四年（1306）九月二十一日示寂，敕谥大圆禅师。传记有虎关师炼撰《大圆禅师传》，有二卷语录。"老子"是老人之称。镜堂比一山大三岁。但"老子"之称不是尊称。"张公"是镜堂的父亲。镜堂在生前为已故的父亲书写一部《金刚经》供养。

○ **张公以梦幻泡影露电之身，悟离相寂灭、真如无住相之理，必证金刚不坏之身矣** 此引《金刚经》末尾的一首偈："一切有为法，如梦幻泡影、如露亦如电，应作如是观。”断灭如此无常之身的执着，就是“离相寂灭”，也就是“真如无住相之理”。张公悟此真理时，当已经发觉自己获得“金刚不坏之身”。

○ **小师义本珍藏之，携以示余求序其首。余书之以告后之阅者**　镜堂迁化在嘉元四年九月二十一日，之后不久，他的弟子义本向一山出示这部写经并求序。大概是为了怀念自己的师父，他向一山求序语。

○ **空生所问，胡饼觅汁；瞿昙宣演，灵龟曳尾；镜堂令师所书，阵后兵书；张公承荐，土上加泥**　此一段是作为禅僧的一山的见解。“须菩提的提问简直是死皮赖脸地要没有的东西。”“胡饼”是烧饼，不会有汁。须菩提向世尊问修行者的用心，自己的生活方式本来不应该问别人，别人的教诲也不会成为真正自己的思想，“世尊的说法真不像样子”。“灵龟”是万年长寿的神龟，而可惜匍匐在泥泞中。世尊说教人，完全是多此一举。“镜堂写经，完全错过时机”，好像开始打战后才翻阅兵书。要救度已故的父亲，徒劳无益，“张公承蒙追荐，这完全是没有效果”。“土上加泥”譬喻多余的闲事。《金刚经》明明说到“无众生可度”。救济本来无非自己救自己。这些行为都是执着形相的有为法，违背《金刚经》的宗旨。

○ **本因问曰：一大藏教，古人因甚目为拭疮疣底？**　义本听到一山的话，就反问说：“可是禅宗本不相信经典所说的道理吗？”古人即指德山宣鉴（780—865）。他说：“十二分教是鬼神簿、拭疮疣故纸。”因为“你莫爱圣，圣是空名。向三界十方世间，若有一尘一法可得，与你执取生解，保任贵重者，尽落天魔外道。是有学得底，亦是依草附木、精魅野狐”（《联灯会要》卷二十）。墨迹原本“底”（上声）作“低”（平声）。

○ **余曰：是则是，不是弄潮人，莫入洪波里**　你说的完全是对，但是能说这种话，只有具备道眼明亮的人。“不是”一句是钱塘江观潮(钱江潮)的谚语。《无准师范禅师语录》卷三《示鉴侍者法语》谓:“时绍定癸巳(六年,1233)八月十八日。是日,钱塘潮大于常年,观者如堵,迎潮之人,莫知其数,出没往来,等儿戏耳。中间也有出不得者。何故?不见道‘弄潮须是弄潮人’。”又《碧岩录》第七十九则颂:“可怜无限弄潮人,毕竟还落潮中死。”

○ **时嘉元四年十月十二日,一山比丘一宁书于鹿山之藏密**

嘉元四年(1306),一山 60 岁,来日后第七年。瑞鹿山圆觉寺住持时作。藏密院应为其塔头院。

另外,《一山国师语录》卷上《再住巨福山建长兴国禅寺语录》有录《镜堂和尚遗书至上堂》:

> “甲子六十三”,森罗万象本同参。“无法与人说”,打刀须邠州铁。“任运自去来”,南台与北台。“天上只一月”,夜夜清光常皎洁。大众!镜堂老子末后全提,建长已与解注了也。只如涅槃后有大人相,诸人还见么?若也未见,未免指出。(卓主丈一下云)打破镜来亲见了,团团依旧辉乾坤。

又卷下“赞佛祖”录有《镜堂和尚》:

> 壮年离蜀走游唐,藤杖芒鞋遍四方。太白峰前逢聩老,却传毒气向扶桑。

(4)《东福山叟和尚遗书至上堂语》

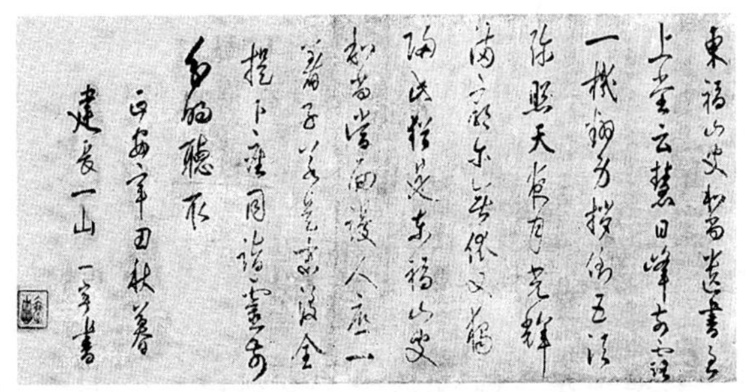

东福山叟和尚遗书至。上堂云：

慧日峰前露一机，翻身拶倒五须弥。照天夜月光辉满，廓尔无依又独归。

此犹是东福山叟和尚当面谩人底一着子。若是末后全提，下座同诣灵前，分明听取。

正安辛丑秋暮　建长一山一宁书

【注释】

○ 本墨迹为新潟贞观园藏，重要文化财。图版据每日新闻社《重要文化财》所载图录。此一场上堂语收录于《一山国师语录》卷上《建长兴国禅寺语录》：

> 东福山叟和尚讣音到。上堂："慧日峰前露一机，翻身拶倒五须弥。照天夜月光辉满，廓尔无依又独归。此犹是东福山叟和尚当面谩人底一着子。若是末后全提，下座同诣灵前，分明听取。"辞世偈有"照天夜月，无依独归"语。

还有一幅同一时期书写此上堂语的墨迹（个人藏），但没有开头的"东福山叟和尚讣音到"和下面的"东福山叟和尚"15字。

○ **东福山叟和尚**　山叟慧云（1227—1301），传记有虎关师炼撰《佛智禅师传》，《济北集》卷十。俗姓丹治氏，武藏饭泽人。17岁出家，19岁参东福寺圆尔学禅。正嘉二年（1256）入宋参净慈寺断桥妙伦。文永五年（1268）归国，侍东福寺圆尔，被许分座说法。后在九州承天寺开法，表明嗣法圆尔。经崇福寺、奥州胜满寺，永仁三年（1295，69岁）住持东福寺，正安三年（1301）示寂，75岁。正和三年（1314）敕谥佛智禅师。塔于正觉庵。有《山叟和尚语录》一卷。

○ **遗书至**　山叟慧云讣报和遗偈从京都东福寺传到镰仓建长寺。遗偈写"忘去来机，无依独归。照天夜月，满地光辉"。

○ **慧日峰前露一机，翻身拶倒五须弥**　"慧日峰"是东福寺山号。“露一机”，用语言示机锋。此指写一首遗偈。下句是表迁化的一种惯用句。即二句说到慧云的迁化。

《元叟行端禅师语录》卷四《径山万寿寺语录·为玄首座下火》：

> 摧残峭峻，销烁玄微。兜率宫中，了无梦想。劳生路上，永绝驱驰。火里乌龟头戴角，翻身触倒五须弥。（元叟行端，1255—1341）

《续指月录》卷五《江州东林无外宗廓禅师章》：

> 临终，集众说偈曰：“吾年七十一，世缘今已毕。挨倒五须弥，夜半日头出。”语毕而逝。（无外宗廓为灵隐祖訚[1234—1308]法嗣）

○ **照天夜月光辉满，廓尔无依又独归** 二句用慧云和尚遗偈。即一山上堂四句偈概括慧云和尚的迁化和遗偈的内容。押韵为和遗偈的微韵（机、归）、支韵（弥）通用。《广韵》脂支之微韵到一山所处的时代合并成同韵。

○ **此犹是东福山叟和尚当面谩人底一着子。若是末后全提，下座同诣灵前，分明听取** 这是一山对慧云和尚遗偈的强烈批判。慧云遗偈似表明了他临终时的一种澄明的境界，但一山说这是慧云和尚当面骗人的遗偈。“寂净还原”不是禅，似是而非。假如慧云和尚说到自己如此境地，完全是骗人的行为。一山认为他的遗偈是谎言假话。也许他听到慧云临终时的一场闹剧。《佛智禅师传》有下面的记载：

> 正安三年孟秋，示微疾。第九之薄暮，告侍僧曰：“舁吾向法堂宝华王座，当取灭度。”即令鸣法鼓，两序海众皆趋法堂。侍僧之中有议者曰：“师若法堂上不取灭，恐贻侮慢。华座之灭，若有定仪，虽函丈，不亦善乎？不如止法

> 鼓。”鼓声已竭，大众拥丈室。云不得已，写一偈，辞众曰：“忘去来机，无依独归。照天夜月，满地光辉。”放笔而逝。年七十五。

虎关师炼在传记末尾的“赞”中，他特意加上一段对慧云来说很不光彩的话，说慧云迁化二十一年后的元亨二年(1322)，虎关师炼完成的第一部日本禅宗史书《元亨释书》中不收慧云的传记，但两年后受丞相命令不得不写一篇《佛智禅师传》：

> 赞曰：壬戌之秋，予表奏释书于阙廷焉。兹时耆宿之无行状而不预之者有之矣。予以为憾之者夥矣。后二年，藤丞相内经以佛智为憾之者夥之最，令予采拾遗之笔矣。余谓丞相之于智也无生平款晤之旧焉，然而为憾之夥最者，智之遗德加人者厚乎？又夫丞相承祖道藩翰之累寄，攀追慕于前辈？其干蛊之迹，可思见矣。我绝笔之有重濡者，弗为无以矣耳。

○ **正安辛丑秋暮** 正安三年(1301)九月。慧云迁化在同年七月九日。一山来日后第三年，55岁时作。

(5)《无关普门和尚十三年忌拈香法语》

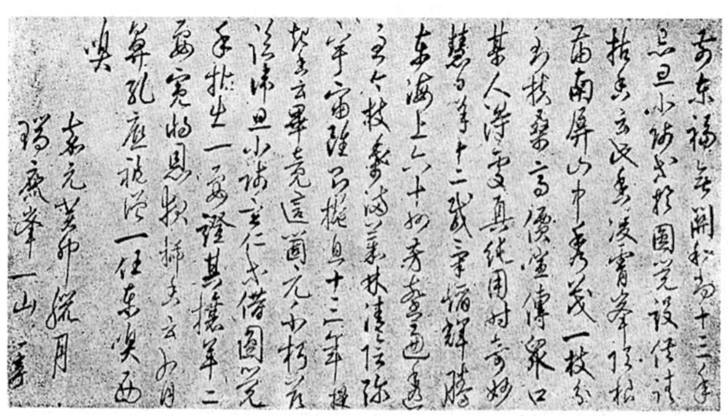

前东福无关和尚十三年忌旦，小师等于圆觉设供，请

拈香。云：

此香凌霄峰顶根苗，南屏山中秀茂。

一枝分到扶桑，高价喧传众口。

某人得处真纯，用时奇妙，

慧日峰十二载，气焰辉腾；东海上六十州，芳馨遍透。

至今枝叶满丛林，清阴弥宇宙。

虽即掩息十三年，拈起香云：毕竟这个元不朽。

兹临讳旦，小师玄仁等借圆觉手拈出，一要证其攘羊，二要冤将恩报。插香云：

有鼻孔底衲僧，一任东嗅西嗅。

嘉元癸卯腊月瑞鹿峰一山一宁

【注释】

○ 本墨迹为南禅寺藏。伊东卓治《宁一山墨迹》有图版和校录。本法语的押韵："苗"（宵平）、"茂"（候去）、"口"（厚上）、"妙"（笑去）、"透"（候去）、"宙"（宥去）、"朽"（有上）、"报"（号去）、"嗅"（宥去）通押，词韵侯尤部、豪宵部合用。参见胡运飚《南宋浙江词人用韵及其所反映的语音演变现象》，《宋辽金用韵研究》，香港文化教育出版社，2002年。《一山国师语录》未收此法语。

○ **前东福无关和尚十三年忌旦** 东福寺第三世无关普门（1212—1291，佛心禅师、大明国师），正应四年（1291）十二月十二日迁化。嘉元癸卯（元年，1303）腊月正当十三年忌。无关普门的传记见《元亨释书》卷六《释普门传》以及《无关和尚塔铭》（应永七年[1400]释海寿撰，《续群书类聚》第九辑上）。无关普门，信州人。嗣法圣一国师（圆尔）。建长三年（1251）入宋，参净慈寺断桥妙伦，有所契悟。在宋十二年后归国，嗣东福寺圣一国师法席。又平息龟山上皇离宫的妖怪得到信任，在上皇舍为禅寺的南禅寺任开山祖。后归东福寺示寂。享年80岁，法腊 62。历应二年(1339)由法侄虎关师炼起灵光塔,60 年后撰塔铭。

○ **此香凌霄峰顶根苗,南屏山中秀茂** 此句寄托香木表扬无关普门的遗德。无关日本建长三年(1251,南宋淳祐十一年)入宋,经凌霄峰径山,参南屏山净慈寺断桥妙伦(1210—1261),嗣法归国(弘长元年,南宋景定二年,1261)。

○ **一枝分到扶桑,高价喧传众口** 此句言无关把断桥妙伦的禅法移植到日本,得到了很高的声誉。

○ **某人得处真纯,用时奇妙** “某人”指无关普门其人。他得到的禅法真实纯粹,其作用绝妙。“处”“时”互文。

○ **慧日峰十二载,气焰辉腾;东海上六十州,芳馨遍透** 无关和尚在东福寺住持十二年,迁化后他的遗德广泛被称赞在日本全土。“东海上六十州”指日本。

○ **至今枝叶满丛林,清阴弥宇宙** 无关和尚的法系繁荣,遗德给予后世安息。后句据临济义玄“向后穿凿成一株大树,与天下人作阴凉去”(《临济录·行录》)。

○ **虽即掩息十三年,拈起香云:毕竟这个元不朽** “掩息”谓迁化。“这个”指一山拈取的香片。“不朽”谓他的法身不朽。赵州从谂(778—897)示众云:“未有世界,早有此性。世界坏时,此性不坏。”僧问:“如何是此性?”师云:“五蕴四大。”云:“此犹是坏。如何是此性?”师云:“四大五蕴。”(《赵州录》卷下)

○ **一要证其攘羊,二要冤将恩报** 此两句谓:当无关和尚十三年忌时,弟子们使我烧香的目的,第一使我告发父亲攘羊之罪,第二使我说明以恩报怨。前句据《论语·子路》:“叶公语孔子曰:‘吾党有直躬者。其父攘羊而子证之。’孔子曰:‘吾党直者异是。父为子隐,子为父隐,直在其中。’”本法语中,父指作为师父的无关和尚,子指弟子玄仁。一山认为弟子请代告师父的罪状。所谓师父的罪状是禅宗所说的“教坏”(师父的教导会弄坏弟子本来具有的佛性）。这是作为师父者不能回避的命运，因此弟子不应妄信师父。师资之间不存在教导和受教的关系，这才是禅宗的思想。《请益录》第 11 则《雪峰饭罗》谓："雪峰有玄沙、云门。岂止家有争子？直得证父攘羊，临机不让。"后句"冤将恩报"也据《论语·宪问》"以德报怨"。这里的意思是，尽管弟子有对师父的教坏之怨，还是当师父十三年忌之际营办报恩法会。

○ **插香云：有鼻孔底衲僧，一任东嗅西嗅**　"鼻孔"为表鼻子的口语。鼻子在面脸中央，引申为人的主体义。"有鼻孔底衲僧"，具备作为禅僧的自主性的人，即认识到上述的两件事的禅僧。"东嗅西嗅"谓一山要求法会里的各位禅僧们充分闻此香，鉴别无关和尚的禅法。

○ **嘉元癸卯腊月瑞鹿峰一山一宁**　嘉元癸卯，公元 1303 年。"瑞鹿峰"，圆觉寺山号。此时一山 57 岁。《一山国师语录》卷下"佛祖赞"收有《无关和尚赞》：

> 矫矫龙骧，眈眈虎视。圣一师穷活计，荡尽无余。徐师叔无口刀，用得正快。三尺竹篦横挥，大地风飞雷厉。是谓陵（凌）霄的孙，南屏家嗣。巍巍王臣之师，的的衲僧殃害。慧日峰前，清风未已。

上面所举的一山一宁禅师五首作品都很明显地透露了他的禅宗思想。《建长寺语录》（1299—1302）之《入院法语》中有下面的话：

> 毕竟太平时世，说甚干戈？所以山僧万里西来，只么素面相呈，更无劳攘。
>
> 首山和尚发扬灵山付嘱，固是光明，要且只是一期方便。争如今日有大力量人，亲承记别，向二千年后，于日本国内，续此一灯，直得辉今耀古？诸人还见么？若也不见，

山僧更为点出：灵山佛法付王臣，今日扶桑话又新。一道恩光遍尘刹，东溟天晓涌金轮。

扶桑日轮，依然东出；大洋海水，一日两潮。是故山僧未离唐土，时时与现前龙象交参；身到海东，步步不离圆通境界。自然东西不异，宾主历然。

今夜忽有人问："和尚西来传个甚么？"只向他道："传个口诀。"又问："和尚乍来言语不通。如何传得口诀？""瞎汉！要我鼓两片皮，堪作什么！"[①]

一山一宁禅师来日本之前和之后，说法始终如一。一山禅师开悟的机缘是他 26 岁时在阿育王寺顽极行弥禅师膝下，听到师父说"我无一法与人"的话，"忽然冥契"[②]。禅僧接受弟子为他说法给予指导，其基本态度都归于这一句话，相信人人都具有佛性，能觉悟到这一道理，就发现自己与佛祖不异。"佛不度人，我自修行"（南泉语），主张自力更生，绝对不要"受人惑"（临济语）。一山禅师的这一信念始终如一。当时日本的禅宗界带有浓厚的密教色彩，因为日本的僧人出家后，大多去天台宗的比叡山学佛教，改做禅僧以后也不能完全摆脱密教的影响。一山禅师看到日本禅宗倾向于和密教思想相结合的情况，就特意强调禅宗的特征。

至于一山禅师对书法的看法，虎关师炼在《海藏和尚纪年录》中引述了禅师的话：

师（虎关师炼）又乘闲过山（一山），余论忽及书画。山语曰："四十年前，藏叟珍住育王，一宁亦居座下。此老文高一世，字法亦妙。一字不乱写。凡发一书，书字时，必一

① 《大正藏》第 80 册 314a—b 页。

② 虎关师炼《一山国师行状》，《济北集》卷十，《五山文学全集》第一卷，思文阁复刻版，1973 年。

一检法帖，摹其体法。方书发一书，或一字不善，必换纸再书。一书非半月写不成，亦是老子之好事也。其意好古文，欲名行于文也。”

又曰：“温玉山画蒲萄，乃游戏三昧耳。其为人甚真率无拘捡，如政黄牛之类，笔画词句俱高美。字有晋宋间诸贤笔法遗意，语句有唐时高僧之体，乃一代伟人也。今已死矣。我国之名士皆爱重之。”

又曰：“书与画非取其逼真，大体取其意尔。故古人之清雅好事者，只贵清逸简古。其人之名德非笔墨之间也。画以古人高逸者为重。书以晋宋间诸贤笔法为妙。故世之所重也。”①

一山禅师的书画观是如此。他的行书严谨而又秀丽，很有品位；草书“善鲁公屋漏之法”（颜真卿草书法），纵心奔放，自然劲健。

最后我想介绍一山一宁禅师晚年在京都南禅寺住持时的有一天的记录。虎关师炼《煎茶轴序》谓：

一山和尚主龙山（南禅寺）之四年，关西荣侍于香。荣诣余言而曰：“老师斋余缓步倚荣之户而三呼曰：‘春光骀荡，午寝兴浓。吾此一梦，无人之原。得子若展一上神通，可谓不辜负侬乎？’荣应之言：‘銎源旗枪，锋阵难当。区区睡魔，甚易降邪。’老师莞尔据座。荣汲斞碧之泉，瀹泷銎之茗。松涛渐激而云涛起，蟹眼已生而鱼眼随。老师怡愉而贻一偈。诸友属和者数十人，亡虑成轴。愿赐序冠之。余曰：‘……唯龙山老人，万乘之所钦向，四海之所凑奔；道不为不高，德不为不尊，然与群衲相尔汝，燕宴南零之水、

① 《续群书类聚》第九辑下第232卷。

北苑之焙，想兴味不浅矣。易之所谓上下交其志同邪？龙山其泰之时邪？因是观之，济北之道独在彼邪？然则此轴，和平之音，欢愉之曲，难工而工者也。’”①

此序写于“正和第五之春谷雨之前三日”即公元1316年三月十二日，一山禅师迁化之前一年。我们从中可以想象一山禅师在一个春天的丽日下，和弟子们煎茶、写偈唱和进行交流的悠闲情景。可惜此轴没有留下来。

（本文为“东亚文献与文学中的佛教世界国际学术研讨会”会议论文，2016年10月。）

① 《济北集》卷八，《五山文学全集》第一卷，思文阁复刻版，1973年。

旧钞本校勘的三种类型

听说过斯波六郎先生(1894—1954)的逸闻,先生自己是不常写论文的,平日里也会对人说"不要写"。对准备写《文心雕龙》研究论文的学生也曾说过,你写的论文也不能给学术界带来多大裨益,还不如编索引;也常说起其师狩野直喜先生(1868—1947)的告诫"不要为了写论文而读书,应该努力将读书的结果变成论文"。仔细琢磨这些话,才知道他真正的用意是在告诫学生倾注全力正确地解读古典才是根本。看先生的著作遗稿目录,也会发现先生生前发表的论文很少,相对而言关于《文选》以及《文心雕龙》的札记、未刊行的校勘记、翻译稿以及讲义笔记、资料类则占多数,可见先生将先师的告诫一直铭记于心。对于他的同学吉川幸次郎先生(1904—1980)热衷于发表论文一事,他也曾作出了"写得太多"的评价。想来并不是论文多产或少产的优劣问题,而是由学者气质性格的不同所决定的。在《对六朝文学的思索》[①]的编集过程中,校正先生所写的论文以及校勘记的时候,我是这么认为的。

斯波六郎先生对于中国文学研究的精华虽很难抛开《中国文学中的孤独感》以及《中国的人生诗人们》,但更难忽略的是《文选诸本之研究》和《旧钞本文选集注卷第八校勘记》。二者虽收录在《文选索引》第一册和第四册(京都大学人文科学研究所,1957、1960年),却没有收录在论文集中。前者将李善注《文选》的诸传本,分为版本三十三种和旧钞本三种,并叙述了这些

① 创文社,《东洋学丛书》,2004年。

版本的特色和系统，其中有“依据此本可正诸本错误例”，“诸本皆误只此本正确例”等校勘的成果。后者是旧钞本《文选集注》第八卷左太冲《三都赋序》《蜀都赋》的校勘记，其目的是复原李善注。在信赖以引用为主旨的李善注这一前提下（参看所著《李善〈文选〉注引文义例考》），以李善注为核心，还参照《文选》作品的正文及所引用典籍的传本，探求三者正确用字。最善保存“李善之旧”是众所周知的旧钞本《文选集注》，校勘工作主要是残卷的留存部分。卷八的校勘记是经过了晚年改订增补而成的，比未刊的诸卷严谨精密，能体现出斯波六郎先生的校勘学造诣。

> 校勘记的制成大概有两种方式。一是以提示各本的异同为主，不妄加评论各本对错。二是提示各本的异同，尽所能判断各本的对错。此篇校勘记属于后者。但是，并不是从开始执笔时便遵循这一方针，而是写写停停之间自然形成的，并不以写作校勘记为目的，而是意图专注于正确解读《文选》这一古典，自然而然形成的。与普通的校勘记相比，多少有些繁杂。但这种繁杂正是我自己遍览书籍才有的印记，也会成为初学者的参考。称作校勘记，也许并不适合，想过不如干脆改名吧。但是，从一直以来关于校勘记的概念推敲下来，也无不可。（前言）

与其说这是在叙述自己作校勘记的目的，不如说在强调校勘记是正确理解古典作品不可或缺的工作，学识亦是处理异文所必需的手段。在其校勘记中，确实随处可见先生学识的光彩，有庄严之感。只是由于其论断只是以“集注本为优”这一强烈信念支撑，虽明快，仍有牵强之处。但是先生追求一字一句的极致的姿态，的确是硕学文章中的共通之处，让人有敬畏感。

举一个具体的例子。论文集中有从遗稿中收录、关于嵇康

《与山巨源绝交书》的《读〈文选〉札记》，其后附录校勘记一篇。这篇古今罕见的绝交书，叙述了嵇康不能为官的七个理由，其四是：

> 素不便书，不喜作书。而人间多事，堆案盈机。不相酬答，则犯教伤义。欲自勉强，则不能久。四不堪也。

斯波六郎先生讨论了公认的最好版本胡刻本中"素不便书"之下有一"又"字的问题。先生所作的校勘记云："梁氏《旁证》云：'有者恐衍。'案梁说是也。以上下文例之，'便书'下，不应有'又'字。"像梁章钜这样的中国学者，从语感直观判断是常事。斯波六郎先生在《札记》中认为"此句和其后句并列与'人间……'相连。胡本的此句下有'又'字为衍。'又'字是增加一个完整的句子时使用的。从此篇中前后用例应知。"

这其实是很微妙的地方。恐怕是斯波六郎先生因他所推崇的集注本中没有此字，所以重新检讨书翰的措辞以及六朝时代文章的章法，才得此解"因为不能成信，所以不想写"（《札记》）。"不便书"和"不熹作书"是连在一起的因果关系，而表示并列或累加的"又"是没有必要加入进去的。"又"是在表示添加一个其他部分时所用之语，"素"与下句相连，"而"表示转折。总之在对各版本中可有可无的一个字的处理上，不联系六朝文章法是解决不了的，相当耗费时间。这样的治学方法是不可能像那样量产论文的，从而我们可追想出先生的读书及讲学生活。《〈文心雕龙〉札记》四篇以校勘、骈文章法解读晦涩难懂的理论，现今读起来亦是难得的严谨的力作。书翰文不仅在六朝文学甚至在中国文章史中也占有重要地位，其研究价值在先生所著《文笔考》中亦有详细论述。

与其说《文选》是从日本奈良、平安时代开始盛行的，不如说其是被珍视的，而《白氏文集》则广被赞许。随着中国刊本的出现，唐代的写本除了20世纪在敦煌发现的断简之外，底本基本佚失。但是在日本则存有唐写本及重抄本，被称为旧钞本。敦煌和日本处于中原文化的边缘地位，却因保存了很多中原失传的典籍而被称为唐代文化之两翼，从质量上来讲日本的传世写本更为优良。对日本流传下来的旧钞本中《文选》和《文集》的研究，才正是日本学人促进中国学发展的研究。金泽文库旧藏镰仓钞本《文选集注》有二十五卷被保存下来(包括残缺。台湾和大陆各一卷)。《白氏文集》亦有金泽文库旧藏镰仓钞本二十多卷以及平安末钞本二卷(神田本)。这些是“大集系”，其他还有《管见钞》《要文钞》《文集钞》等镰仓抄出本，《新乐府》《长恨歌》《秦中吟》等的单行旧钞本(包括法帖)等也被保存下来，这些不同系统流传下来的旧钞本很多，也正是白氏作品旧钞本研究的一个特色。

众所周知，关于白居易的诗集，有元稹编集的《长庆集》五十卷，后有追加了增补部分的六十卷本、六十五卷本、六十七卷本、七十卷本、七十五卷本，这些白氏自编的版本，在后世已失传，但是保持这种形态的“前后续集”形式的那波本(古活字本)，及重新编成的“先诗后笔”的南宋绍兴本作为代表刊本被保存下来。但是在日本，白居易生前就已传入了其作品，其中最为珍贵的是日僧慧蕚所抄本，当时他本拟将平安贵族的供物献纳给五台山的日僧慧蕚，在会昌法难之际寄宿于苏州南禅寺，在南禅寺发现并抄写了白氏亲编六十七卷本《文集》，并带回日本赠给平安贵族。现在横滨的金泽文库藏有其重抄本13卷。

京都大学人文科学研究所举办了《白氏文集》讲读班，是在1945年以神田喜一郎先生(1897—1984)为中心开始的，平冈武夫先生(1909—1995)继承之后一直延续到1972年，其成果校订本《白氏文集》(三册，二十一卷)被公开发表。此书以那波本为底本，将收集的旧钞本及刊本作为校本，进行解读，并以此为基础进行校对，又付上了简单的校记。旧钞本和刊本之间有系统上的文本差异，依据旧钞本校订刊本之处很多。但是根据太田次男先生的调查，《白氏文集》的旧钞本中还反映了当时日本人的接受情况，这样复杂的校改过程表明了不能一律承认旧抄本的古老性。这也是旧钞本校勘学的一个新的展开。

太田先生对写本进行了精细的调查，发现了有用胡粉涂抹更改过的文字，并对胡粉之下被隐藏的文字进行了解读，复元了被同样处理的旁记，从色彩或者浓淡来判断其先后关系等，通过这些操作，可明确旧钞本和刊本的系统上的差异。同时，亦动摇了对旧钞本的绝对信仰，促发了对于宋刊本的再评价这样的倾向。太田先生的正文研究是以日本对于《白氏文集》的接受史为出发点展开的，揭示了日本古典中引用的白居易诗文是基于旧钞本正文的，关于抄出本，亦是追踪抄出者的轨迹、探寻抄出者的意图，明确了当时接受的情况。以这样的方法可以达到复元旧钞本的原始形态这一目标。同为金泽文库旧钞本的《文选集注》并没有上述的复杂情况，只是因为并没有人像太田先生那样从接受史视角展开研究，所以《文选集注》成立的问题至今仍没有得到妥善解决。

太田先生校勘学的集大成之作是《以旧钞本为中心的〈白氏文集〉本文的研究》三册（勉诚出版）。因为白氏的作品从流传刊本，经宋版刊行者的校对，到旧钞本已经发生了系统性的变化，旧钞本之间也存在着不少的异同，又因白氏生前判定非自己作的正文亦流通于世，更因白氏自己曾说的“旧句时时改”，所以从不同的文字群中复元“白氏的旧句”几乎是不可能的。这样的校勘工作虽然更加要求如工匠般的严密细致，却已失去了校勘本来的目的。先生承认正文异同状况的复杂性，宋刊本中亦有宋人的文学观的投影，站在了为文学研究者提供复元成果的立场上，亦时刻抱有不应从文学鉴赏的角度过度解读文字的警觉，他作为研究者采取了慎重的态度。但可能正是因为这种绝望的浸染，导致先生将白氏的“旧句时时改，无妨悦性情”（《诗解》2345）中的“时时”解释为“多数”，以及“前后七十五卷，诗笔大小凡三千八百四十首，集有五本”（《白氏集后记》3673）中的“五本”解读为“屡次互换作品的”“亦存在本文的异同的”“包含种种的异同点的”异本，认为“白氏认同正文中异同的存在，这些异同保存了下来便成为五本”（《关于白氏〈新乐府序〉——从旧钞本、刊本正文来看》，《白居易研究年报》第五号，2004 年）。“时时”是程度副词，语境不同含义有所变化，基本上不是频度高的意思，不过是偶尔有之的含义，“五本”只是将七十五卷本誊录为五部，并不是指不同内容的五种版本。由于过度执着于异文本的存在，而认为白氏没有定稿意识这一主张是太田先生将自己的态度投射到白氏身上导致的误读。

小说《游仙窟》是佚存书。作者张鷟（字文成）是上元二年(675)的进士，开元二年(714)流放于岭南，数年后成为龚州长史，73 岁去世，是白居易百年前的人物，此人的文集，生前传入新罗、日本（莫休符《桂林风土记》），因见于日本《万叶集》大伴旅人《游于松浦河序》(703 年)以及山上忆良《沉痾自哀文》(733 年)中，可知是其传入日本是作者生前的事情。《日本国见在书目录》(875 年以后)中有“《游仙窟》一卷”，与《文选》《白氏文集》等被著录其中，亦有“《张文成集》九卷”“《朝野佥载》二十卷”的书名。因为《游仙窟》是娱乐性较强的传奇小说，在中国很早失传了，但在日本的镰仓、室町时期(13—16 世纪)已经多有旧钞本流传于世，若算上江户前期(17 世纪)的写本的话，其中白文（无注）本十一种、有注本十种。其中最受注目的大阪河内长野金刚寺所藏的残卷（镰仓末书写）是有注本，江户时代的三种刊本亦是有注本，可知日本多以有旧注本为主。

《游仙窟》写本群的特色为，写本中讹误脱衍极多，并多数贯穿于最古老的旧抄本到刊本中，有的甚至延续到了现代的铅印本。我在调查各种传世资料之后感到非常震惊。虽然已有林望先生的《游仙窟正文校勘记》（《东横短大二十五周年记念论集》，1981 年），但其只是机械性的罗列而已。讹误多是此书的一个特征，这些与俗语、俗谚有着密切的关系，所以不得不等待汉语史研究相关成果的出现才能有所进展，此外相关研究停滞不前的原因之一，恐怕是大家还在忌惮着公开谈论此书。但是，如果以最古老本亦不能完全信任这一标准的话，反而可以轻松下来，我索性没有顾虑地进行了大幅度的校改。我曾写过三篇《〈游仙窟〉旧注校读记》（《花园大学文学部研究纪要》27—29 号，1995—1997 年，未完）。本是模仿斯波先生的校勘记的写法，但是由于学识不足，在见解方面多有失误的地方，从公开发表就开始制作"勘误表"，至今仍在进行补订工作。但是我仍从这校勘工作得到了不少经验。第一，重新审视旧注的价值。旧注在包含俗语、谚语这一方面是非常珍贵的，在正文批判上亦有价值，若实施校订的话将会成为中古汉语研究的重要资料。第二，旧注中的缺陷来源于"本不是中国人编写的注释，却作为只有中国人才能编写的注释而流传下来"这一矛盾，从这可预想到其特殊的成立过程（参看《〈游仙窟〉旧注辨证》，《日本中国学会创立五十年记念论文集》，1998 年）。但是，现在回想这个工作，便觉得执着于各本讹误的结果是偏重于校订，反而忽略有注本诸本的系谱问题（林望先生曾考察过无注本的系谱，撰有《关于〈游仙窟〉之诸本》，《东横国文学》13 号，1981 年）。这种倾向并没有达到校勘的两个目的——校订文本制作定本及解明各版本的流传过程——中的第二个目的。

校勘的工作是，对由于各种各样的原因发生的讹误脱衍进行订正，以求还原到作者的文本，并应尝试调查分析其流传及接受过程，可以说校勘就是语言研究、文学研究其本身。不熟知作者个人的、时代的用字法、表现法、想法，及书写、刻版时代等因素的话，是无法完成复原工作的。这也是校书的困难之处。

从本文列举的三种旧抄本的形态可知，《文选集注》《白氏文集》《游仙窟旧注》这些文本的性质决定了各自的校勘学的不同特色。是文章的性质、流传的特征、从事校勘工作研究者的气质——研究对象与人相遇而成的产物。

平冈武夫先生在校订本《白氏文集》第三册"序说"最终章的研究会活动总结中，就对已公布的校勘记的批评进行细致的解答，并说"校订本并不是校书工作的完结，而是出发点"。我读过很多关于校勘旧抄本的论文，品味了各种校勘记的滋味，感觉到校勘这一枯燥的工作也是"文"的行为，在校勘记里也能窥见作者其人。

（李薇译）

（本文原刊于《创文》475号，2005年。）

图书在版编目(CIP)数据

禅宗思想与文献丛考/[日]衣川贤次著. —上海：复旦大学出版社，2017.12(2024.8 重印)
(日本汉学家“近世”中国研究丛书/朱刚，李贵主编)
ISBN 978-7-309-13275-5

Ⅰ. 禅… Ⅱ. 衣… Ⅲ. ①禅宗-思想史-中国-唐代-文集②禅宗-思想史-中国-宋代-文集
Ⅳ. B946.5-53

中国版本图书馆 CIP 数据核字(2017)第 239051 号

禅宗思想与文献丛考
[日]衣川贤次　著
责任编辑/王汝娟

复旦大学出版社有限公司出版发行
上海市国权路 579 号　邮编：200433
网址：fupnet@fudanpress.com　http://www.fudanpress.com
门市零售：86-21-65102580　团体订购：86-21-65104505
出版部电话：86-21-65642845
浙江新华数码印务有限公司

开本 890 毫米×1240 毫米　1/32　印张 7.875　字数 174 千字
2017 年 12 月第 1 版
2024 年 8 月第 1 版第 2 次印刷

ISBN 978-7-309-13275-5/B · 643
定价：58.00 元